René Guénon

LES ÉTATS MULTIPLES DE L'ÊTRE

- 1932 -

René Guénon
(1886-1951)

Les états multiples de l'être
1932

Publié par
OMNIA VERITAS LTD

www.omnia-veritas.com

AVANT-PROPOS	**7**
CHAPITRE PREMIER	**15**
L'INFINI ET LA POSSIBILITÉ	15
CHAPITRE II	**24**
POSSIBLES ET COMPOSSIBLES	24
CHAPITRE III	**34**
L'ÊTRE ET LE NON-ÊTRE	34
CHAPITRE IV	**43**
FONDEMENT DE LA THÉORIE DES ÉTATS MULTIPLES	43
CHAPITRE V	**50**
RAPPORTS DE L'UNITÉ ET DE LA MULTIPLICITÉ	50
CHAPITRE VI	**56**
CONSIDÉRATIONS ANALOGIQUES TIRÉES DE L'ÉTUDE DE L'ÉTAT DE RÊVE	56
CHAPITRE VII	**64**
LES POSSIBILITÉS DE LA CONSCIENCE INDIVIDUELLE	64
CHAPITRE VIII	**72**
LE MENTAL, ÉLÉMENT CARACTÉRISTIQUE DE L'INDIVIDUALITÉ HUMAINE	72
CHAPITRE IX	**81**
LA HIÉRARCHIE DES FACULTÉS INDIVIDUELLES	81
CHAPITRE X	**86**
LES CONFINS DE L'INDÉFINI	86
CHAPITRE XI	**91**
PRINCIPES DE DISTINCTION ENTRE LES ÉTATS D'ÊTRE	91
CHAPITRE XII	**99**
LES DEUX CHAOS	99
CHAPITRE XIII	**103**

LES HIÉRARCHIES SPIRITUELLES 103
CHAPITRE XIV 110
   RÉPONSE AUX OBJECTIONS TIRÉES DE LA PLURALITÉ DES ÊTRES 110
CHAPITRE XV 115
   LA RÉALISATION DE L'ÊTRE PAR LA CONNAISSANCE 115
CHAPITRE XVI 121
   CONNAISSANCE ET CONSCIENCE 121
CHAPITRE XVII 129
   NECESSITÉ ET CONTINGENCE 129
CHAPITRE XVIII 136
   NOTION MÉTAPHYSIQUE DE LA LIBERTÉ 136
   OUVRAGES DE RENÉ GUÉNON 145

AVANT-PROPOS

Dans notre précédente étude sur *Le Symbolisme de la Croix*, nous avons exposé, d'après les données fournies par les différentes doctrines traditionnelles, une représentation géométrique de l'être qui est entièrement basée sur la théorie métaphysique des états multiples. Le présent volume en sera à cet égard comme un complément, car les indications que nous avons données ne suffisent peut-être pas à faire ressortir toute la portée de cette théorie, que l'on doit considérer comme tout à fait fondamentale ; nous avons dû, en effet, nous borner alors à ce qui se rapportait le plus directement au but nettement défini que nous nous proposions. C'est pourquoi, laissant maintenant de côté la représentation symbolique que nous avons décrite, ou du moins ne la rappelant en quelque sorte qu'incidemment quand il y aura lieu de nous y référer, nous consacrerons entièrement ce nouveau travail à un plus ample développement de la théorie dont il s'agit, soit, et tout d'abord, dans son principe même, soit dans certaines de ses applications, en ce qui concerne plus particulièrement l'être envisagé sous son aspect humain.

En ce qui concerne ce dernier point, il n'est peut-être pas inutile de rappeler dès maintenant que le fait de nous arrêter aux considérations de cet ordre n'implique nullement que l'état humain occupe un rang privilégié dans l'ensemble de l'Existence universelle, ou qu'il soit métaphysiquement distingué, par rapport aux autres états, par la possession d'une prérogative quelconque. En réalité, cet état humain n'est qu'un état de manifestation comme tous les autres, et parmi une indéfinité d'autres ; il se situe, dans la hiérarchie des degrés de l'Existence, à la place qui lui est assignée par sa nature même, c'est-à-dire par le caractère limitatif des conditions qui le définissent, et cette place ne lui confère ni supériorité ni infériorité absolue. Si nous devons parfois envisager particulièrement cet état, c'est donc uniquement parce que, étant celui dans lequel nous nous trouvons en fait, il acquiert par là pour nous, mais pour nous seulement, une importance spéciale ; ce n'est là qu'un point de vue tout relatif et contingent, celui des individus que nous sommes dans notre présent mode de manifestation. C'est pourquoi, notamment, quand nous parlons d'états supérieurs et d'états inférieurs, c'est toujours par rapport à l'état humain pris pour terme de comparaison que nous devons opérer cette répartition hiérarchique, puisqu'il n'en est point d'autre qui nous soit directement saisissable en tant qu'individus ; et il ne faut pas oublier que toute expression, étant l'enveloppement dans une forme, s'effectue nécessairement en mode individuel, si bien que, lorsque nous voulons parler de quoi que ce soit, même des vérités d'ordre purement métaphysique, nous ne pouvons le faire qu'en descendant à un tout autre ordre, essentiellement relatif et limité, pour les traduire dans le langage qui est celui des individualités humaines. On comprendra sans peine toutes les précautions et les réserves qu'impose l'inévitable imperfection de ce langage, si manifestement inadéquat à ce qu'il doit exprimer en pareil cas ; il y a là une disproportion évidente, et l'on peut d'ailleurs en dire autant pour toute représentation formelle, quelle qu'elle soit, y compris même les représentations proprement symboliques, pourtant incomparablement moins étroitement bornées que le langage ordinaire, et par conséquent plus aptes à la communication des vérités transcendantes, d'où l'emploi qui en est fait constamment dans tout enseignement possédant un caractère vraiment « initiatique » et traditionnel[1]. C'est pourquoi, comme nous l'avons déjà fait remarquer à maintes reprises, il convient, pour ne point altérer la vérité par une exposition partielle, restrictive ou systématisée, de réserver toujours la part de l'inexprimable, c'est-à-dire de ce qui ne saurait s'enfermer dans aucune forme, et qui, métaphysiquement, est en réalité ce qui importe le plus, nous pouvons même dire tout l'essentiel.

Maintenant, si l'on veut, toujours en ce qui concerne la considération de l'état humain, relier le point de vue individuel au point de vue métaphysique, comme on doit toujours le faire s'il s'agit de « science sacrée », et non pas

---

[1] Nous ferons remarquer incidemment, à ce propos, que le fait que le point de vue philosophique ne fait jamais appel à aucun symbolisme suffirait à lui seul à montrer le caractère exclusivement « profane » et tout extérieur de ce point de vue spécial et du mode de pensée auquel il correspond.

seulement de savoir « profane », nous dirons ceci : la réalisation de l'être total peut s'accomplir à partir de n'importe quel état pris comme base et comme point de départ, en raison même de l'équivalence de tous les modes d'existence contingents au regard de l'Absolu ; elle peut donc s'accomplir à partir de l'état humain aussi bien que de tout autre, et même, comme nous l'avons déjà dit ailleurs, à partir de toute modalité de cet état, ce qui revient à dire qu'elle est notamment possible pour l'homme corporel et terrestre, quoiqu'en puissent penser les Occidentaux, induits en erreur, quant à l'importance qu'il convient d'attribuer à la « corporéité », par l'extraordinaire insuffisance de leurs conceptions concernant la constitution de l'être humain[2]. Puisque cet état est celui où nous nous trouvons actuellement, c'est de là que nous devons effectivement partir si nous nous proposons d'atteindre à la réalisation métaphysique, à quelque degré que ce soit, et c'est là la raison essentielle pour laquelle ce cas doit être envisagé plus spécialement par nous ; ayant d'ailleurs développé ces considérations précédemment, nous n'y insisterons pas davantage, d'autant plus que notre exposé même permettra de les mieux comprendre encore[3].

D'autre part, pour écarter toute confusion possible, nous devons rappeler dès maintenant que, lorsque nous parlons des états multiples de l'être, il s'agit, non pas d'une simple multiplicité numérique, ou même plus généralement

---

[2] Voir *L'Homme et son devenir selon le Vêdânta*, ch. XXIV.
[3] Voir *Le Symbolisme de la Croix*, ch. XXVI à XXVIII.

quantitative, mais bien d'une multiplicité d'ordre « transcendantal » ou véritablement universel, applicable à tous les domaines constituant les différents « mondes » ou degrés de l'Existence, considérés séparément ou dans leur ensemble, donc en dehors et au-delà du domaine spécial du nombre et même de la quantité sous tous ses modes. En effet, la quantité, et à plus forte raison le nombre qui n'est qu'un des modes, à savoir la quantité discontinue, est seulement une des conditions déterminantes de certains états, parmi lesquels le nôtre ; elle ne saurait donc être transportée à d'autres états, et encore moins être appliquée à l'ensemble des états, qui échappe évidemment à une telle détermination. C'est pourquoi, quand nous parlons à cet égard d'une multitude indéfinie, nous devons toujours avoir bien soin de remarquer que l'indéfinité dont il s'agit dépasse tout nombre, et aussi tout ce à quoi la quantité est plus ou moins directement applicable, comme l'indéfinité spatiale ou temporelle, qui ne relève également que des conditions propres à notre monde[4].

Une autre remarque s'impose encore, au sujet de l'emploi que nous faisons du mot « être » lui-même, qui, en toute rigueur, ne peut plus s'appliquer dans son sens propre quand il s'agit de certains états de non-manifestation dont nous aurons à parler, et qui sont au-delà du degré de l'Être pur. Nous sommes cependant obligé, en raison de la constitution même du langage humain, de conserver ce terme même en pareil cas, à défaut d'un autre plus adéquat, mais en ne lui

---

[4] Voir *ibid.*, p. 124.

attribuant plus alors qu'une valeur purement analogique et symbolique, sans quoi il nous serait tout à fait impossible de parler d'une façon quelconque de ce dont il s'agit ; et c'est là un exemple très net de ces insuffisances d'expression auxquelles nous faisions allusion tout à l'heure. C'est ainsi que nous pourrons, comme nous l'avons déjà fait ailleurs, continuer à parler de l'être total comme étant en même temps manifesté dans certains de ses états et non manifesté dans d'autres états, sans que cela implique aucunement que, pour ces derniers, nous devions nous arrêter à la considération de ce qui correspond au degré qui est proprement celui de l'Être[5].

Nous rappellerons, à ce propos, que le fait de s'arrêter à l'Être et de ne rien envisager au-delà, comme s'il était en quelque sorte le Principe suprême, le plus universel de tous, est un des traits caractéristiques de certaines conceptions occidentales de l'antiquité et du moyen âge, qui, tout en contenant incontestablement une part de métaphysique qui ne se retrouve plus dans les conceptions modernes, demeurent grandement incomplètes sous ce rapport, et aussi en ce qu'elles se présentent comme des théories établies pour elles-mêmes, et non en vue d'une réalisation effective correspondante. Ce n'est pas à dire, assurément, qu'il n'y ait rien eu d'autre alors en Occident ; en cela, nous parlons seulement de ce qui est généralement connu, et dont certains, tout en faisant de louables efforts pour réagir contre la négation moderne, ont tendance à s'exagérer la valeur et la

---

[5] Voir *ibid.*, pp. 22-23.

portée, faute de se rendre compte qu'il ne s'agit encore là que de points de vue somme toute assez extérieurs, et que, dans les civilisations où, comme c'est le cas, une sorte de coupure s'est établie entre deux ordres d'enseignement se superposant sans jamais s'opposer, l'« exotérisme » appelle l'« ésotérisme » comme son complément nécessaire.

Lorsque cet « ésotérisme » est méconnu, la civilisation, n'étant plus rattachée directement aux principes supérieurs par aucun lien effectif, ne tarde pas à perdre tout caractère traditionnel, car les éléments de cet ordre qui y subsistent encore sont comparables à un corps que l'esprit aurait abandonné, et, par suite, impuissants désormais à constituer quelque chose de plus qu'une sorte de formalisme vide ; c'est là, très exactement, ce qui est arrivé au monde occidental moderne[6].

Ces quelques explications étant données, nous pensons pouvoir entrer dans notre sujet même sans nous attarder davantage à des préliminaires dont toutes les considérations que nous avons déjà exposées par ailleurs nous permettent de nous dispenser en grande partie. Il ne nous est pas possible, en effet, de revenir indéfiniment sur ce qui a été dit dans nos précédents ouvrages, ce qui ne serait que temps perdu ; et, si en fait certaines répétitions sont inévitables, nous devons nous efforcer de les réduire à ce qui est strictement indispensable à la compréhension de ce que nous nous

---

[6] Voir Orient et Occident et La Crise du Monde moderne.

proposons d'exposer présentement, quitte à renvoyer le lecteur, chaque fois qu'il en sera besoin, à telle ou telle partie de nos autres travaux, où il pourra trouver des indications complémentaires ou de plus amples développements sur les questions que nous sommes amené à envisager de nouveau. Ce qui fait la difficulté principale de l'exposé, c'est que toutes ces questions sont liées en effet plus ou moins étroitement les unes aux autres, et qu'il importe de montrer cette liaison aussi souvent que cela est possible, mais que, d'autre part, il n'importe pas moins d'éviter toute apparence de « systématisation », c'est-à-dire de limitation incompatible avec la nature même de la doctrine métaphysique, qui doit au contraire ouvrir, à qui est capable de la comprendre et de l'« assentir », des possibilités de conception non seulement indéfinies, mais, nous pouvons le dire sans aucun abus de langage, réellement infinies comme la Vérité totale elle-même.

CHAPITRE PREMIER

L'INFINI ET LA POSSIBILITÉ

Pour bien comprendre la doctrine de la multiplicité des états de l'être, il est nécessaire de remonter, avant toute autre considération, jusqu'à la notion la plus primordiale de toutes, celle de l'Infini métaphysique, envisagé dans ses rapports avec la Possibilité universelle. L'Infini est, suivant la signification étymologique du terme qui le désigne, ce qui n'a pas de limites ; et, pour garder à ce terme son sens propre, il faut en réserver rigoureusement l'emploi à la désignation de ce qui n'a absolument aucune limite, à l'exclusion de tout ce qui est seulement soustrait à certaines limitations particulières, tout en demeurant soumis à d'autres limitations en vertu de sa nature même, à laquelle ces dernières sont essentiellement inhérentes, comme le sont, au point de vue logique qui ne fait en somme que traduire à sa façon le point de vue qu'on peut appeler « ontologique », des éléments intervenant dans la définition même de ce dont il s'agit. Ce dernier cas est notamment, comme nous avons eu déjà l'occasion de l'indiquer à diverses reprises, celui du nombre, de l'espace, du temps, même dans les conceptions les plus générales et les plus étendues qu'il soit possible de s'en former, et qui dépassent de beaucoup les notions qu'on en a ordinairement[7] ; tout cela ne peut jamais être, en réalité, que du domaine de l'indéfini. C'est cet indéfini auquel certains, lorsqu'il est d'ordre quantitatif comme dans les exemples que nous venons de l'appeler, donnent abusivement le nom d'« infini mathématique », comme si l'adjonction d'une épithète ou d'une qualification déterminante au mot « infini » n'impliquait pas par elle-même une contradiction pure et simple[8]. En fait, cet indéfini, procédant du fini dont il n'est qu'une extension ou un développement, et étant par suite toujours réductible au fini, n'a aucune commune mesure avec le véritable Infini, pas plus que l'individualité, humaine ou autre, même avec l'intégralité des prolongements indéfinis dont elle est susceptible, n'en saurait avoir avec l'être total[9]. Cette formation de l'indéfini à partir du fini, dont on a un exemple très net dans la production de la série des nombres, n'est possible en effet qu'à la condition que le fini contienne déjà en puissance cet indéfini et, quand bien même les limites

---

[7] Il faut avoir bien soin de remarquer que nous disons « générales » et non pas « universelles », car il ne s'agit ici que des conditions spéciales de certains états d'existence, et rien de plus ; cela seul doit suffire à faire comprendre qu'il ne saurait être question d'infinité en pareil cas, ces conditions étant évidemment limitées comme les états mêmes auxquels elles s'appliquent et qu'elles concourent à définir.

[8] S'il nous arrive parfois de dire « Infini métaphysique », précisément pour marquer d'une façon plus explicite qu'il ne s'agit aucunement du prétendu « infini mathématique » ou d'autres « contrefaçons de l'Infini », s'il est permis d'ainsi parler, une telle expression ne tombe nullement sous l'objection que nous formulons ici, parce que l'ordre métaphysique est réellement illimité, de sorte qu'il n'y a là aucune détermination, mais au contraire l'affirmation de ce qui dépasse toute détermination, tandis que qui dit « mathématique » restreint par là même la conception à un domaine spécial et borné, celui de la quantité.

[9] Voir *Le Symbolisme de la Croix*, ch. XXVI et XXX.

en seraient reculées jusqu'à ce que nous les perdions de vue en quelque sorte, c'est-à-dire jusqu'à ce qu'elles échappent à nos ordinaires moyens de mesure, elles ne sont aucunement supprimées par là ; il est bien évident, en raison de la nature même de la relation causale, que le « plus » ne peut pas sortir du « moins », ni l'Infini du fini.

Il ne peut en être autrement lorsqu'il s'agit, comme dans le cas que nous envisageons, de certains ordres de possibilités particulières, qui sont manifestement limités par la coexistence d'autres ordres de possibilités, donc en vertu de leur nature propre, qui fait que ce sont là telles possibilités déterminées, et non pas toutes les possibilités sans aucune restriction. S'il n'en était pas ainsi, cette coexistence d'une indéfinité d'autres possibilités, qui ne sont pas comprises dans celles-là, et dont chacune est d'ailleurs pareillement susceptible d'un développement indéfini, serait une impossibilité, c'est-à-dire une absurdité au sens logique de ce mot[10]. L'Infini, au contraire, pour être vraiment tel, ne peut admettre aucune restriction, ce qui suppose qu'il est absolument inconditionné et indéterminé, car toute détermination, quelle qu'elle soit, est forcément une limitation, par là même qu'elle laisse quelque chose en dehors d'elle, à savoir toutes les autres déterminations également possibles. La limitation présente d'ailleurs le caractère d'une véritable négation : poser une limite, c'est nier, pour ce qui y

---

[10] L'absurde, au sens logique et mathématique, est ce qui implique contradiction ; il se confond donc avec l'impossible, car c'est l'absence de contradiction interne qui, logiquement aussi bien qu'ontologiquement, définit la possibilité.

est enfermé, tout ce que cette limite exclut ; par suite, la négation d'une limite est proprement la négation d'une négation, c'est-à-dire, logiquement et même mathématiquement, une affirmation, de telle sorte que la négation de toute limite équivaut en réalité à l'affirmation totale et absolue. Ce qui n'a pas de limites, c'est ce dont on ne peut rien nier, donc ce qui contient tout, ce hors de quoi il n'y a rien ; et cette idée de l'Infini, qui est ainsi la plus affirmative de toutes, puisqu'elle comprend ou enveloppe toutes les affirmations particulières, quelles qu'elles puissent être, ne s'exprime par un terme de forme négative qu'en raison même de son indétermination absolue. Dans le langage, en effet, toute affirmation directe est forcément une affirmation particulière et déterminée, l'affirmation de quelque chose, tandis que l'affirmation totale et absolue n'est aucune affirmation particulière à l'exclusion des autres, puisqu'elle les implique toutes également ; et il est facile de saisir dès maintenant le rapport très étroit que ceci présente avec la Possibilité universelle, qui comprend de la même façon toutes les possibilités particulières[11].

L'idée de l'Infini, telle que nous venons de la poser ici[12], au

---

[11] Sur l'emploi des termes de forme négative, mais dont la signification réelle est essentiellement affirmative, voir *Introduction générale à l'étude des doctrines hindoues*, pp, 140-144, et *L'Homme et son devenir selon le Vêdânta*, ch. XVI.

[12] Nous ne disons pas de la définir, car il serait évidemment contradictoire de prétendre donner une définition de l'Infini ; et nous avons montré ailleurs que le point de vue métaphysique lui-même, en raison de son caractère universel et illimité, n'est pas davantage susceptible d'être défini (*Introduction générale à l'étude des doctrines hindoues*, 2ème partie, ch. V).

Les états multiples de l'être

point de vue purement métaphysique, n'est aucunement discutable ni contestable, car elle ne peut renfermer en soi aucune contradiction, par là même qu'il n'y a en elle rien de négatif ; elle est de plus nécessaire, au sens logique de ce mot[13], car c'est sa négation qui serait contradictoire[14]. En effet, si l'on envisage le « Tout », au sens universel et absolu, il est évident qu'il ne peut être limité en aucune façon, car il ne pourrait l'être que par quelque chose qui lui serait extérieur, et, s'il y avait quelque chose qui lui fût extérieur, ce ne serait pas le « Tout ». Il importe de remarquer, d'ailleurs, que le « Tout », en ce sens, ne doit aucunement être assimilé à un tout particulier et déterminé, c'est-à-dire à un ensemble composé de parties qui seraient avec lui dans un rapport défini ; il est à proprement parler « sans parties », puisque, ces parties devant être nécessairement relatives et finies, elles ne pourraient avoir avec lui aucune commune mesure, ni par conséquent aucun rapport, ce qui revient à dire qu'elles

---

[13] Il faut distinguer cette nécessité logique, qui est l'impossibilité qu'une chose ne soit pas ou qu'elle soit autrement qu'elle est, et cela indépendamment de toute condition particulière, de la nécessité dite « physique », ou nécessité de fait, qui est simplement l'impossibilité pour les choses ou les êtres de ne pas se conformer aux lois du monde auquel ils appartiennent, et qui, par conséquent, est subordonnée aux conditions par lesquelles ce monde est défini et ne vaut qu'à l'intérieur de ce domaine spécial.

[14] Certains philosophes, ayant argumenté très justement contre le prétendu « infini mathématique », et ayant montré toutes les contradictions qu'implique cette idée (contradictions qui disparaissent d'ailleurs dès qu'on se rend compte que ce n'est là que de l'indéfini), croient avoir prouvé par là même, et en même temps, l'impossibilité de l'Infini métaphysique ; tout ce qu'ils prouvent en réalité, par cette confusion, c'est qu'ils ignorent complètement ce dont il s'agit dans ce dernier cas.

n'existent pas pour lui[15] ; et ceci suffit à montrer qu'on ne doit chercher à s'en former aucune conception particulière[16].

Ce que nous venons de dire du Tout universel, dans son indétermination la plus absolue, s'y applique encore quand on l'envisage sous le point de vue de la Possibilité ; et à vrai dire ce n'est pas là une détermination, ou du moins c'est le minimum de détermination qui soit requis pour nous le rendre actuellement concevable, et surtout exprimable à quelque degré. Comme nous avons eu l'occasion de l'indiquer ailleurs[17], une limitation de la Possibilité totale est, au sens propre du mot, une impossibilité, puisque, devant comprendre la Possibilité pour la limiter, elle ne pourrait y être comprise, et ce qui est en dehors du possible ne saurait être autre qu'impossible ; mais une impossibilité, n'étant rien qu'une négation pure et simple, un véritable néant, ne peut

---

[15] En d'autres termes, le fini, même s'il est susceptible d'extension indéfinie, est toujours rigoureusement nul au regard de l'Infini ; par suite, aucune chose ou aucun être ne peut être considéré comme une « partie de l'Infini », ce qui est une des conceptions erronées appartenant en propre au « panthéisme », car l'emploi même du mot « partie » suppose l'existence d'un rapport défini avec le tout.

[16] Ce qu'il faut éviter surtout, c'est de concevoir le Tout universel à la façon d'une somme arithmétique, obtenue par l'addition de ses parties prises une à une et successivement. D'ailleurs, même quand il s'agit d'un tout particulier, il y a deux cas à distinguer : un tout véritable est logiquement antérieur à ses parties et en est indépendant ; un tout conçu comme logiquement postérieur à ses parties, dont il n'est que la somme, ne constitue en réalité que ce que les philosophes scolastiques appelaient un *ens rationis*, dont l'existence, en tant que « tout », est subordonnée à la condition d'être effectivement pensé comme tel ; le premier a en lui-même un principe d'unité réelle, supérieur à la multiplicité de ses parties, tandis que le second n'a d'autre unité que celle que nous lui attribuons par la pensée.

[17] Le Symbolisme de la Croix, p. 126.

évidemment limiter quoi que ce soit, d'où il résulte immédiatement que la Possibilité universelle est nécessairement illimitée. Il faut bien prendre garde, d'ailleurs, que ceci n'est naturellement applicable qu'à la Possibilité universelle et totale, qui n'est ainsi que ce que nous pouvons appeler un aspect de l'Infini, dont elle n'est distincte en aucune façon ni dans aucune mesure ; il ne peut rien y avoir qui soit en dehors de l'Infini, puisque cela serait une limitation, et qu'alors il ne serait plus l'Infini. La conception d'une « pluralité d'infinis » est une absurdité, puisqu'ils se limiteraient réciproquement, de sorte que, en réalité, aucun d'eux ne serait infini[18] ; donc, quand nous disons que la Possibilité universelle est infinie ou illimitée, il faut entendre par là qu'elle n'est pas autre chose que l'Infini même, envisagé sous un certain aspect, dans la mesure où il est permis de dire qu'il y a des aspects de l'Infini. Puisque l'Infini est véritablement « sans parties », il ne saurait, en toute rigueur, être question non plus d'une multiplicité d'aspects existant réellement et « distinctivement » en lui ; c'est nous qui, à vrai dire, concevons l'Infini sous tel ou tel aspect, parce qu'il ne nous est pas possible de faire autrement, et, même si notre conception n'était pas essentiellement limitée, comme elle l'est tant que nous sommes dans un état individuel, elle devrait forcément se limiter pour devenir exprimable, puisqu'il lui faut pour cela se revêtir d'une forme déterminée. Seulement, ce qui importe, c'est que nous comprenions bien d'où vient la limitation et à quoi elle tient, afin de ne

---

[18] Voir *ibid.*, p. 203.

l'attribuer qu'à notre propre imperfection, ou plutôt à celle des instruments intérieurs et extérieurs dont nous disposons actuellement en tant qu'êtres individuels, ne possédant effectivement comme tels qu'une existence définie et conditionnée, et de ne pas transporter cette imperfection, purement contingente et transitoire comme les conditions auxquelles elle se réfère et dont elle résulte, dans le domaine illimité de la Possibilité universelle elle-même.

Ajoutons encore une dernière remarque : si l'on parle corrélativement de l'Infini et de la Possibilité, ce n'est pas pour établir entre ces deux termes une distinction qui ne saurait exister réellement ; c'est que l'Infini est alors envisagé plus spécialement sous son aspect actif, tandis que la Possibilité est son aspect passif[19] ; mais, qu'il soit regardé par nous comme actif ou comme passif, c'est toujours l'Infini, qui ne saurait être affecté par ces points de vue contingents, et les déterminations, quel que soit le principe par lequel on les effectue, n'existent ici que par rapport à notre conception. C'est donc là, en somme, la même chose que ce que nous avons appelé ailleurs, suivant la terminologie de la doctrine extrême-orientale, la « perfection active » (*Khien*) et la « perfection passive » (*Khouen*), la Perfection, au sens absolu, étant identique à l'Infini entendu dans toute son indétermination ; et, comme nous l'avons dit alors, c'est l'analogue, mais à un autre degré et à un point de vue bien

---

[19] C'est *Brahma* et sa *Shakti* dans la doctrine hindoue (voir *L'Homme et son devenir selon le Vêdânta*, pp. 72 et 107-109).

plus universel, de ce que sont, dans l'Être, l'« essence » et la « substance »[20]. Il doit être bien compris, dès maintenant, que l'Être n'enferme pas toute la Possibilité, et, que, par conséquent, il ne peut aucunement être identifié à l'Infini ; c'est pourquoi nous disons que le point de vue auquel nous nous plaçons ici est beaucoup plus universel que celui où nous n'avons à envisager que l'Être ; ceci est seulement indiqué pour éviter toute confusion, car nous aurons, dans la suite, l'occasion de nous en expliquer plus amplement.

---

[20] Voir Le Symbolisme de la Croix, pp. 166-167.

CHAPITRE II

POSSIBLES ET COMPOSSIBLES

La Possibilité universelle, avons-nous dit, est illimitée, et ne peut pas être autre qu'illimitée ; vouloir la concevoir autrement, c'est donc, en réalité, se condamner à ne pas la concevoir du tout. C'est ce qui fait que tous les systèmes philosophiques de l'Occident moderne sont également impuissants du point de vue métaphysique, c'est-à-dire universel, et cela précisément en tant que systèmes, ainsi que nous l'avons déjà fait remarquer occasionnellement à diverses reprises ; ils ne sont en effet, comme tels, que des conceptions restreintes et fermées, qui peuvent, par quelques-uns de leurs éléments, avoir une certaine valeur dans un domaine relatif, mais qui deviennent dangereuses et fausses dès que, prises dans leur ensemble, elles prétendent à quelque chose de plus et veulent se faire passer pour une expression de la réalité totale. Sans doute, il est toujours légitime d'envisager spécialement, si on le juge à propos, certains ordres de possibilités à l'exclusion des autres, et c'est là, en somme, ce que fait nécessairement une science quelconque ; mais ce qui ne l'est pas, c'est d'affirmer que ce soit là toute la Possibilité et de nier tout ce qui dépasse la mesure de sa propre compréhension individuelle, plus ou moins étroitement bornée[21]. C'est pourtant là, à un degré ou à un autre, le caractère essentiel de cette forme systématique qui paraît inhérente à toute la philosophie occidentale moderne ; et c'est une des raisons pour lesquelles la pensée philosophique, au sens ordinaire du mot, n'a et ne peut avoir rien de commun avec les doctrines d'ordre purement métaphysique[22].

Parmi les philosophes qui, en raison de cette tendance systématique et véritablement « antimétaphysique », se sont efforcés de limiter d'une façon ou d'une autre la Possibilité universelle, certains, comme Leibnitz (qui est pourtant un de ceux dont les vues sont les moins étroites sous bien des rapports), ont voulu faire usage à cet égard de la distinction des « possibles » et des « compossibles » ; mais il n'est que trop évident que cette distinction, dans la mesure où elle est valablement applicable, ne peut aucunement servir à cette fin illusoire. En effet, les compossibles ne sont pas autre chose que des possibles compatibles entre eux, c'est-à-dire dont la réunion dans un même ensemble complexe n'introduit à l'intérieur de celui-ci aucune contradiction ; par suite, la « compossibilité » est toujours essentiellement relative à l'ensemble dont il s'agit. Il est bien entendu, d'ailleurs, que cet

---

[21] Il est à remarquer en effet que tout système philosophique se présente comme étant essentiellement l'œuvre d'un individu, contrairement à ce qui a lieu pour les doctrines traditionnelles, au regard desquelles les individualités ne comptent pour rien.

[22] Voir Introduction générale à l'étude des doctrines hindoues, 2ème partie, ch. VIII ; L'Homme et son devenir selon le Vêdânta, ch. Ier ; Le Symbolisme de la Croix, ch. Ier et XV.

ensemble peut être, soit celui des caractères qui constituent toutes les attributions d'un objet particulier, ou d'un être individuel, soit quelque chose de beaucoup plus général et plus étendu, l'ensemble de toutes les possibilités soumises à certaines conditions communes et formant par là même un certain ordre défini, un des domaines compris dans l'Existence universelle ; mais, dans tous les cas, il faut qu'il s'agisse d'un ensemble qui soit toujours déterminé, sans quoi la distinction ne s'appliquerait plus. Ainsi, pour prendre d'abord un exemple d'ordre particulier et extrêmement simple, un « carré rond » est une impossibilité, parce que la réunion des deux possibles « carré » et « rond » dans une même figure implique contradiction ; mais ces deux possibles n'en sont pas moins également réalisables, et au même titre, car l'existence d'une figure carrée n'empêche évidemment pas l'existence simultanée, à côté d'elle et dans le même espace, d'une figure ronde, non plus que de toute autre figure géométriquement concevable[23] Cela paraît même trop évident pour qu'il soit utile d'y insister davantage ; mais un tel exemple, en raison de sa simplicité même, a l'avantage d'aider à comprendre, par analogie, ce qui se rapporte à des cas apparemment plus complexes, comme celui dont nous allons

---

[23] De même, pour prendre un exemple d'ordre plus étendu, les diverses géométries euclidienne et non-euclidiennes ne peuvent évidemment s'appliquer à un même espace ; mais cela ne saurait empêcher les différentes modalités d'espace auxquelles elles correspondent de coexister dans l'intégralité de la possibilité spatiale, où chacune d'elles doit se réaliser à sa façon, suivant ce que nous allons expliquer sur l'identité effective du possible et du réel.

parler maintenant.

Si, au lieu d'un objet ou d'un être particulier, on considère ce que nous pouvons appeler un monde, suivant le sens que nous avons déjà donné à ce mot, c'est-à-dire tout le domaine formé par un certain ensemble de compossibles qui se réalisent dans la manifestation, ces compossibles devront être tous les possibles qui satisfont à certaines conditions, lesquelles caractériseront et définiront précisément le monde dont il s'agit, constituant un des degrés de l'Existence universelle. Les autres possibles, qui ne sont pas déterminés par les mêmes conditions, et qui, par suite, ne peuvent pas faire partie du même monde, n'en sont évidemment pas moins réalisables pour cela, mais, bien entendu, chacun selon le mode qui convient à sa nature. En d'autres termes, tout possible a son existence propre comme tel[24], et les possibles dont la nature implique une réalisation, au sens où on l'entend ordinairement, c'est-à-dire une existence dans un mode quelconque de manifestation[25], ne peuvent pas perdre ce caractère qui leur est essentiellement inhérent et devenir irréalisables par le fait que d'autres possibles sont

---

[24] Il doit être bien entendu que nous ne prenons pas ici le mot « existence » dans son sens rigoureux et conforme à sa dérivation étymologique, sens qui ne s'applique strictement qu'à l'être conditionné et contingent, c'est-à-dire en somme à la manifestation ; nous n'employons ce mot, comme nous le faisons aussi parfois pour celui d'« être » lui-même, ainsi que nous l'avons dit dès le début, que d'une façon purement analogique et symbolique, parce qu'il nous aide dans une certaine mesure à faire comprendre ce dont il s'agit, bien que, en réalité, il lui soit extrêmement inadéquat (voir *Le Symbolisme de la Croix*, ch. Ier et II).

[25] C'est alors l'« existence » au sens propre et rigoureux du mot.

actuellement réalisés. On peut encore dire que toute possibilité qui est une possibilité de manifestation doit nécessairement se manifester par là même, et que, inversement, toute possibilité qui ne doit pas se manifester est une possibilité de non-manifestation ; sous cette forme, il semble bien que ce ne soit là qu'une affaire de simple définition, et pourtant l'affirmation précédente ne comportait rien d'autre que cette vérité axiomatique, qui n'est nullement discutable. Si l'on demandait cependant pourquoi toute possibilité ne doit pas se manifester, c'est-à-dire pourquoi il y a à la fois des possibilités de manifestation et des possibilités de non-manifestation, il suffirait de répondre que le domaine de la manifestation, étant limité par là même qu'il est un ensemble de mondes ou d'états conditionnés (d'ailleurs en multitude indéfinie), ne saurait épuiser la Possibilité universelle dans sa totalité ; il laisse en dehors de lui tout l'inconditionné, c'est-à-dire précisément ce qui, métaphysiquement, importe le plus. Quant à se demander pourquoi telle possibilité ne doit pas se manifester aussi bien que telle autre, cela reviendrait simplement à se demander pourquoi elle est ce qu'elle est et non ce qu'est une autre ; c'est donc exactement comme si l'on se demandait pourquoi tel être est lui-même et non un autre être, ce qui serait assurément une question dépourvue de sens. Ce qu'il faut bien comprendre, à cet égard, c'est qu'une possibilité de manifestation n'a, comme telle, aucune supériorité sur une possibilité de non-manifestation ; elle n'est pas l'objet d'une sorte de « choix » ou de « préférence »[26], elle est seulement d'une autre nature.

Si maintenant on veut objecter, au sujet des compossibles, que, suivant l'expression de Leibnitz, « il n'y a qu'un monde », il arrive de deux choses l'une : ou cette affirmation est une pure tautologie, ou elle n'a aucun sens. En effet, si par « monde » on entend ici l'Univers total, ou même, en se bornant aux possibilités de manifestation, le domaine entier de toutes ces possibilités, c'est-à-dire l'Existence universelle, la chose qu'on énonce est trop évidente, encore que la façon dont on l'exprime soit peut-être impropre ; mais, si l'on n'entend par ce mot qu'un certain ensemble de compossibles, comme on le fait le plus ordinairement, et comme nous venons de le faire nous-même, il est aussi absurde de dire que son existence empêche la coexistence d'autres mondes qu'il le serait, pour reprendre notre précédent exemple, de dire que l'existence d'une figure ronde empêche la coexistence d'une figure carrée, ou triangulaire, ou de toute autre sorte. Tout ce qu'on peut dire, c'est que, comme les caractères d'un objet déterminé excluent de cet objet la présence d'autres caractères avec lesquels ils seraient en contradiction, les conditions par lesquelles se définit un monde déterminé excluent de ce monde les possibles dont la nature n'implique pas une

---

[26] Une telle idée est métaphysiquement injustifiable, et elle ne peut provenir que d'une intrusion du point de vue « moral » dans un domaine ou il n'a que faire ; aussi le « principe du meilleur », auquel Leibnitz fait appel en cette occasion, est-il proprement antimétaphysique, ainsi que nous l'avons déjà fait remarquer incidemment ailleurs (*Le Symbolisme de la Croix*, p. 35).

réalisation soumise à ces mêmes conditions ; ces possibles sont ainsi en dehors des limites du monde considéré, mais ils ne sont pas pour cela exclus de la Possibilité, puisqu'il s'agit de possibles par hypothèse, ni même, dans des cas plus restreints, de l'Existence au sens propre du terme, c'est-à-dire entendue comme comprenant tout le domaine de la manifestation universelle. Il y a dans l'Univers des modes d'existence multiples, et chaque possible a celui qui convient à sa propre nature ; quant à parler, comme on l'a fait parfois, et précisément en se référant à la conception de Leibnitz (tout en s'écartant sans doute de sa pensée dans une assez large mesure), d'une sorte de « lutte pour l'existence » entre les possibles, c'est là une conception qui n'a assurément rien de métaphysique, et cet essai de transposition de ce qui n'est qu'une simple hypothèse biologique (en connexion avec les modernes théories « évolutionnistes ») est même tout à fait inintelligible.

La distinction du possible et du réel, sur laquelle maints philosophes ont tant insisté, n'a donc aucune valeur métaphysique : tout possible est réel à sa façon, et suivant le mode que comporte sa nature[27] ; autrement, il y aurait des

---

[27] Ce que nous voulons dire par là, c'est qu'il n'y a pas lieu, métaphysiquement, d'envisager le réel comme constituant un ordre différent de celui du possible ; mais il faut bien se rendre compte, d'ailleurs, que ce mot « réel » est par lui-même assez vague, sinon équivoque, tout au moins dans l'usage qui en est fait dans le langage ordinaire et même par la plupart des philosophes ; nous n'avons été amené à l'employer ici que parce qu'il était nécessaire d'écarter la distinction vulgaire du possible et du réel ; nous arriverons cependant, par la suite, à lui donner une signification beaucoup plus précise.

possibles qui ne seraient rien, et dire qu'un possible n'est rien est une contradiction pure et simple ; c'est l'impossible, et l'impossible seul, qui est, comme nous l'avons déjà dit, un pur néant. Nier qu'il y ait des possibilités de non-manifestation, c'est vouloir limiter la Possibilité universelle ; d'autre part, nier que, parmi les possibilités de manifestation, il y en ait de différents ordres, c'est vouloir la limiter plus étroitement encore.

Avant d'aller plus loin, nous ferons remarquer que, au lieu de considérer l'ensemble des conditions qui déterminent un monde, comme nous l'avons fait dans ce qui précède, on pourrait aussi, au même point de vue, considérer isolément une de ces conditions : par exemple, parmi les conditions du monde corporel, l'espace, envisagé comme le contenant des possibilités spatiales[28]. Il est bien évident que, par définition même, il n'y a que les possibilités spatiales qui puissent se réaliser dans l'espace, mais il est non moins évident que cela n'empêche pas les possibilités non- spatiales de se réaliser également (et ici, en nous bornant à la considération des possibilités de manifestation, « se réaliser » doit être pris comme synonyme de « se manifester »), en dehors de cette condition particulière d'existence qu'est l'espace. Pourtant, si

---

[28] Il est important de noter que la condition spatiale ne suffit pas, à elle seule, à définir un corps comme tel ; tout corps est nécessairement étendu, c'est-à-dire soumis à l'espace (d'où résulte notamment sa divisibilité indéfinie, entraînant l'absurdité de la conception atomiste), mais, contrairement à ce qu'ont prétendu Descartes et d'autres partisans d'une physique « mécaniste », l'étendue ne constitue nullement toute la nature ou l'essence des corps.

l'espace était infini comme certains le prétendent, il n'y aurait de place dans l'Univers pour aucune possibilité non-spatiale, et, logiquement, la pensée elle-même, pour prendre l'exemple le plus ordinaire et le plus connu de tous, ne pourrait alors être admise à l'existence qu'à la condition d'être conçue comme étendue, conception dont la psychologie « profane » elle-même reconnaît la fausseté sans aucune hésitation ; mais, bien loin d'être infini, l'espace n'est qu'un des modes possibles de la manifestation, qui elle-même n'est nullement infinie, même dans l'intégralité de son extension, avec l'indéfinité des modes qu'elle comporte, et dont chacun est lui-même indéfini [29]. Des remarques similaires s'appliqueraient de même à n'importe quelle autre condition spéciale d'existence ; et ce qui est vrai pour chacune de ces conditions prise à part l'est encore pour l'ensemble de plusieurs d'entre elles, dont la réunion ou la combinaison détermine un monde. Il va de soi, d'ailleurs, qu'il faut que les différentes conditions ainsi réunies soient compatibles entre elles, et leur compatibilité entraîne évidemment celle des possibles qu'elles comprennent respectivement, avec cette restriction que les possibles qui sont soumis à l'ensemble des conditions considérées peuvent ne constituer qu'une partie de ceux qui sont compris dans chacune des mêmes conditions envisagée isolément des autres, d'où il résulte que ces conditions, dans leur intégralité, comporteront, outre leur partie commune, des prolongements en divers sens, appartenant encore au même degré de l'Existence universelle.

---

[29] Voir Le Symbolisme de la Croix, ch. XXX.

Ces prolongements, d'extension indéfinie, correspondent, dans l'ordre général et cosmique, à ce que sont, pour un être particulier, ceux d'un de ses états, par exemple d'un état individuel considéré intégralement, au-delà d'une certaine modalité définie de ce même état, telle que la modalité corporelle dans notre individualité humaine[30].

---

[30] Voir *ibid.*, ch. XX ; cf. *L'Homme et son devenir selon le Vêdânta*, pp. 42-44, et aussi ch. XIII et XIV.

CHAPITRE III

L'ÊTRE ET LE NON-ÊTRE

Dans ce qui précède, nous avons indiqué la distinction des possibilités de manifestation et des possibilités de non-manifestation, les unes et les autres étant également comprises, et au même titre, dans la Possibilité totale. Cette distinction s'impose à nous avant toute autre distinction plus particulière, comme celle des différents modes de la manifestation universelle, c'est-à-dire des différents ordres de possibilités qu'elle comporte, réparties selon les conditions spéciales auxquelles elles sont respectivement soumises, et constituant la multitude indéfinie des mondes ou des degrés de l'Existence.

Cela posé, si l'on définit l'Être, au sens universel, comme le principe de la manifestation, et en même temps comme comprenant, par là même, l'ensemble de toutes les possibilités de manifestation, nous devons dire que l'Être n'est pas infini, puisqu'il ne coïncide pas avec la Possibilité totale ; et cela d'autant plus que l'Être, en tant que principe de la manifestation, comprend bien en effet toutes les possibilités de manifestation, mais seulement en tant qu'elles se manifestent. En dehors de l'Être, il y a donc tout le reste, c'est-à-dire toutes les possibilités de non-manifestation, avec les possibilités de manifestation elles-mêmes en tant qu'elles sont à l'état non- manifesté ; et l'Être lui-même s'y trouve inclus, car, ne pouvant appartenir à la manifestation, puisqu'il en est le principe, il est lui-même non manifesté. Pour désigner ce qui est ainsi en dehors et au-delà de l'Être, nous sommes obligé, à défaut de tout autre terme, de l'appeler le Non-Être ; et cette expression négative, qui, pour nous, n'est à aucun degré synonyme de « néant » comme elle paraît l'être dans le langage de certains philosophes, outre qu'elle est directement inspirée de la terminologie de la doctrine métaphysique extrême-orientale, est suffisamment justifiée par la nécessité d'employer une dénomination quelconque pour pouvoir en parler, jointe à la remarque, déjà faite par nous plus haut, que les idées les plus universelles, étant les plus indéterminées, ne peuvent s'exprimer, dans la mesure où elles sont exprimables, que par des termes qui sont en effet de forme négative, ainsi que nous l'avons vu en ce qui concerne l'Infini. On peut dire aussi que le Non-Être, dans le sens que nous venons d'indiquer, est plus que l'Être, ou, si l'on veut, qu'il est supérieur à l'Être, si l'on entend par là que ce qu'il comprend est au-delà de l'extension de l'Être, et qu'il contient en principe l'Être lui-même. Seulement, dès lors qu'on oppose le Non-Être à l'Être, ou même qu'on les distingue simplement, c'est que ni l'un ni l'autre n'est infini, puisque, à ce point de vue, ils se limitent l'un l'autre en quelque façon ; l'infinité n'appartient qu'à l'ensemble de l'Être et du Non- Être, puisque cet ensemble est identique à la Possibilité universelle.

Nous pouvons encore exprimer les choses de cette façon : la Possibilité universelle contient nécessairement la totalité des possibilités, et on peut dire que l'Être et le Non-Être sont ses deux aspects : l'Être, en tant qu'elle manifeste les possibilités (ou plus exactement certaines d'entre elles) ; le Non-Être, en tant qu'elle ne les manifeste pas. L'Être contient donc tout le manifesté ; le Non-Être contient tout le non-manifesté, y compris l'Être lui-même ; mais la Possibilité universelle comprend à la fois l'Être et le Non-Être. Ajoutons que le non-manifesté comprend ce que nous pouvons appeler le non-manifestable, c'est-à-dire les possibilités de non-manifestation, et le manifestable, c'est-à-dire les possibilités de manifestation en tant qu'elles ne se manifestent pas, la manifestation ne comprenant évidemment que l'ensemble de ces mêmes possibilités en tant qu'elles se manifestent[31].

En ce qui concerne les rapports de l'Être et du Non-Être, il est essentiel de remarquer que l'état de manifestation est toujours transitoire et conditionné, et que, même pour les possibilités qui comportent la manifestation, l'état de non-manifestation est seul absolument permanent et inconditionné[32]. Ajoutons à ce propos que rien de ce qui est manifesté ne peut « se perdre », suivant une expression assez fréquemment employée, autrement que par le passage dans le non-manifesté ; et, bien entendu, ce passage même (qui,

---

[31] Cf. L'Homme et son devenir selon le Vêdânta, ch. XVI.
[32] Il doit être bien entendu que, quand nous disons « transitoire », nous n'avons pas en vue exclusivement, ni même principalement, la succession temporelle, car celle-ci ne s'applique qu'à un mode spécial de la manifestation.

lorsqu'il s'agit de la manifestation individuelle, est proprement la « transformation » au sens étymologique de ce mot, c'est-à-dire le passage au-delà de la forme) ne constitue une « perte » que du point de vue spécial de la manifestation, puisque, dans l'état de non-manifestation, toutes choses, au contraire, subsistent éternellement en principe, indépendamment de toutes les conditions particulières et limitatives qui caractérisent tel ou tel mode de l'existence manifestée. Seulement, pour pouvoir dire justement que « rien ne se perd », même avec la restriction concernant le non-manifesté, il faut envisager tout l'ensemble de la manifestation universelle, et non pas simplement tel ou tel de ses états à l'exclusion des autres, car, en raison de la continuité de tous ces états entre eux, il peut toujours y avoir un passage de l'un à l'autre, sans que ce passage continuel, qui n'est qu'un changement de mode (impliquant un changement correspondant dans les conditions d'existence), nous fasse aucunement sortir du domaine de la manifestation[33].

---

[33] Sur la continuité des états de l'être, voir *Le Symbolisme de la Croix*, ch. XV et XIX. - Ce qui vient d'être dit doit montrer que les prétendus principes de la « conservation de la matière » et de la « conservation de l'énergie », quelle que soit la forme sous laquelle on les exprime, ne sont en réalité que de simples lois physiques tout à fait relatives et approximatives, et qui, à l'intérieur même du domaine spécial auquel elles s'appliquent, ne peuvent être vraies que sous certaines conditions restrictives, conditions qui subsisteraient encore, *mutatis mutandis*, si l'on voulait étendre de telles lois, en en transposant convenablement les termes, à tout le domaine de la manifestation. Les physiciens sont d'ailleurs obligés de reconnaître qu'il ne s'agit en quelque sorte que de « cas-limites », en ce sens que de telles lois ne seraient rigoureusement applicables qu'à ce qu'ils appellent des « systèmes clos », c'est-à-dire à quelque chose qui, en fait, n'existe pas et ne peut

Quant aux possibilités de non-manifestation, elles appartiennent essentiellement au Non-Être, et, par leur nature-même, elles ne peuvent pas entrer dans le domaine de l'Être, contrairement à ce qui a lieu pour les possibilités de manifestation ; mais, comme nous l'avons dit plus haut, cela n'implique aucune supériorité des unes sur les autres, puisque les unes et les autres ont seulement des modes de réalité différents et conformes à leurs natures respectives ; et la distinction même de l'Être et du Non-Être est, somme toute, purement contingente, puisqu'elle ne peut être faite que du point de vue de la manifestation, qui est lui-même essentiellement contingent. Ceci, d'ailleurs, ne diminue en rien l'importance que cette distinction a pour nous, étant donné que, dans notre état actuel, il ne nous est pas possible de nous placer effectivement à un point de vue autre que celui-là, qui est le nôtre en tant que nous appartenons nous-mêmes, comme êtres conditionnés et individuels, au domaine de la manifestation, et que nous ne pouvons dépasser qu'en nous affranchissant entièrement, par la réalisation métaphysique, des conditions limitatives de l'existence individuelle.

Comme exemple d'une possibilité de non-manifestation, nous pouvons citer le vide, car une telle possibilité est

---

pas exister, car il est impossible de réaliser et même de concevoir, à l'intérieur de la manifestation, un ensemble qui soit complètement isolé de tout le reste, sans communication ni échange d'aucune sorte avec ce qui est en dehors de lui ; une telle solution de continuité serait une véritable lacune dans la manifestation, cet ensemble étant par rapport au reste comme s'il n'était pas.

concevable, au moins négativement, c'est-à-dire par l'exclusion de certaines déterminations : le vide implique l'exclusion, non seulement de tout attribut corporel ou matériel, non seulement même, d'une façon plus générale, de toute qualité formelle, mais encore de tout ce qui se rapporte à un mode quelconque de la manifestation. C'est donc un non-sens de prétendre qu'il peut y avoir du vide dans ce que comprend la manifestation universelle, sous quelque état que ce soit [34], puisque le vide appartient essentiellement au domaine de la non-manifestation ; il n'est pas possible de donner à ce terme une autre acception intelligible. Nous devons, à ce sujet, nous borner à cette simple indication, car nous ne pouvons pas traiter ici la question du vide avec tous les développements qu'elle comporterait, et qui s'écarteraient trop de notre sujet ; comme c'est surtout à propos de l'espace qu'elle conduit parfois à de graves confusions [35], les considérations qui s'y rapportent trouveront mieux leur place dans l'étude que nous nous proposons de consacrer spécialement aux conditions de l'existence corporelle[36]. Au point de vue où nous nous plaçons présentement, nous devons simplement ajouter que le vide, quelle que soit la façon dont on l'envisage, n'est pas le Non-Être, mais

---

[34] C'est là ce que prétendent notamment les atomistes (voir *L'Homme et son devenir selon le Vêdânta*, pp. 112-113).

[35] La conception d'un « espace vide » est contradictoire, ce qui, notons-le en passant, constitue une preuve suffisante de la réalité de l'élément éthéré (*Âkâsha*), contrairement à la théorie des Bouddhistes et à celle des « philosophes physiciens » grecs qui n'admettaient que quatre éléments corporels.

[36] Sur le vide et ses rapports avec l'étendue, voir aussi *Le Symbolisme de la Croix*, ch. IV.

seulement ce que nous pouvons appeler un de ses aspects, c'est-à-dire une des possibilités qu'il renferme et qui sont autres que les possibilités comprises dans l'Être, donc en dehors de celui-ci, même envisagé dans sa totalité, ce qui montre bien encore que l'Être n'est pas infini. D'ailleurs, quand nous disons qu'une telle possibilité constitue un aspect du Non-Être, il faut faire attention qu'elle ne peut être conçue en mode distinctif, ce mode s'appliquant exclusivement à la manifestation ; et ceci explique pourquoi, même si nous pouvons concevoir effectivement cette possibilité qu'est le vide, ou toute autre du même ordre, nous ne pouvons jamais en donner qu'une expression toute négative : cette remarque, tout à fait générale pour tout ce qui se rapporte au Non-Être, justifie encore l'emploi que nous faisons de ce terme[37].

Des considérations semblables pourraient donc s'appliquer à toute autre possibilité de non-manifestation ; nous pourrions prendre un autre exemple, comme le silence, mais l'application serait trop facile à faire pour qu'il soit utile d'y insister. Nous nous bornerons donc, à ce propos, à faire observer ceci : comme le Non-Être, ou le non-manifesté, comprend ou enveloppe l'Être, ou le principe de la manifestation, le silence comporte en lui-même le principe de la parole ; en d'autres termes, de même que l'Unité (l'Être) n'est que le Zéro métaphysique (le Non-Être) affirmé, la parole n'est que le silence exprimé ; mais, inversement, le Zéro métaphysique, tout en étant l'Unité non-affirmée, est

---

[37] Cf. *Tao-te-king*, ch. XIV.

aussi quelque chose de plus (et même infiniment plus), et de même le silence, qui en est un aspect au sens que nous venons de préciser, n'est pas simplement la parole non-exprimée, car il faut y laisser subsister en outre ce qui est inexprimable, c'est-à-dire non susceptible de manifestation (car qui dit expression dit manifestation, et même manifestation formelle), donc de détermination en mode distinctif[38]. Le rapport ainsi établi entre le silence (non-manifesté) et la parole (manifestée) montre comment il est possible de concevoir des possibilités de non-manifestation qui correspondent, par transposition analogique, à certaines possibilités de manifestation[39], sans prétendre d'ailleurs en aucune façon, ici encore, introduire dans le Non-Être une distinction effective qui ne saurait s'y trouver, puisque l'existence en mode distinctif (qui est l'existence au sens propre du mot) est essentiellement inhérente aux conditions de la manifestation (mode distinctif n'étant d'ailleurs pas ici,

---

[38] C'est l'inexprimable (et non pas l'incompréhensible comme on le croit vulgairement) qui est désigné primitivement par le mot « mystère », car, en grec, $\mu\sigma\sigma\tau\eta\rho\iota o\nu$ dérive de $\mu\sigma\varepsilon\iota\nu$, qui signifie « se taire », « être silencieux ». A la même racine verbale *mu* (d'où le latin *mulus*, « muet ») se rattache aussi le mot $\mu\sigma\theta o\varsigma$, « mythe », qui, avant d'être dévié de son sens jusqu'à ne plus désigner qu'un récit fantaisiste, signifiait ce qui, n'étant pas susceptible de s'exprimer directement, ne pouvait être que suggéré par une représentation symbolique, que celle-ci soit d'ailleurs verbale ou figurée.

[39] On pourrait envisager de la même façon les ténèbres, dans un sens supérieur, comme ce qui est au-delà de la manifestation lumineuse, tandis que, dans leur sens inférieur et plus habituel, elles sont simplement, dans le manifesté, l'absence ou la privation de la lumière, c'est-à-dire quelque chose de purement négatif ; la couleur noire a d'ailleurs, dans le symbolisme, des usages se rapportant effectivement à cette double signification.

dans tous les cas, forcément synonyme de mode individuel, ce dernier impliquant spécialement la distinction formelle)[40].

---

[40] On pourra remarquer que les deux possibilités de non-manifestation que nous avons envisagées ici correspondent à l'« Abîme » ($B\sigma\theta o\varsigma$) et au « Silence » ($\Sigma\iota\gamma\eta$) de certaines écoles du Gnosticisme alexandrin, lesquels sont en effet des aspects du Non-Être.

CHAPITRE IV

FONDEMENT DE LA THÉORIE DES ÉTATS MULTIPLES

Ce qui précède contient, dans toute son universalité, le fondement de la théorie des états multiples : si l'on envisage un être quelconque dans sa totalité, il devra comporter, au moins virtuellement, des états de manifestation et des états de non-manifestation, car ce n'est que dans ce sens qu'on peut parler vraiment de « totalité » ; autrement, on n'est en présence que de quelque chose d'incomplet et de fragmentaire, qui ne peut pas constituer véritablement l'être total[41]. La non-manifestation, avons-nous dit plus haut, possède seule le caractère de permanence absolue ; c'est donc d'elle que la manifestation, dans sa condition transitoire, tire toute sa réalité ; et l'on voit par là que le Non-Être, loin d'être le « néant », serait exactement tout le contraire, si toutefois le « néant » pouvait avoir un contraire, ce qui lui supposerait encore un certain degré de « positivité », alors qu'il n'est que la « négativité »

---

[41] Comme nous l'avons indiqué au début, si l'on veut parler de l'être total, il faut bien, quoique ce terme ne soit plus proprement applicable, l'appeler encore analogiquement « un être », faute d'avoir un autre terme plus adéquat à notre disposition.

absolue, c'est-à-dire la pure impossibilité[42].

Cela étant, il en résulte que ce sont essentiellement les états de non-manifestation qui assurent à l'être la permanence et l'identité ; et, en dehors de ces états, c'est-à-dire si l'on ne prend l'être que dans la manifestation, sans le rapporter à son principe non-manifesté, cette permanence et cette identité ne peuvent être qu'illusoires, puisque le domaine de la manifestation est proprement le domaine du transitoire et du multiple, comportant des modifications continuelles et indéfinies. Dès lors, on comprendra aisément ce qu'il faut penser, au point de vue métaphysique, de la prétendue unité du « moi », c'est-à-dire de l'être individuel, qui est si indispensable à la psychologie occidentale et « profane » : d'une part, c'est une unité fragmentaire, puisqu'elle ne se réfère qu'à une portion de l'être, à un de ses états pris isolément, et arbitrairement, parmi une indéfinité d'autres (et encore cet état est-il fort loin d'être envisagé ordinairement dans son intégralité) ; et, d'autre part, cette unité, en ne considérant même que l'état spécial auquel elle se rapporte, est encore aussi relative que possible, puisque cet état se compose lui-même d'une indéfinité de modifications diverses, et elle a d'autant moins de réalité qu'on fait abstraction du principe transcendant (le « Soi » ou la

---

[42] Le « néant » ne s'oppose donc pas à l'Être, contrairement à ce qu'on dit d'ordinaire ; c'est à la Possibilité qu'il s'opposerait, s'il pouvait entrer à la façon d'un terme réel dans une opposition quelconque ; mais, comme il n'en est pas ainsi, il n'y a rien qui puisse s'opposer à la Possibilité, ce qui se comprend sans peine, dès lors que la Possibilité est en réalité identique à l'Infini.

personnalité) qui pourrait seul lui en donner vraiment, en maintenant l'identité de l'être, en mode permanent, à travers toutes ces modifications.

Les états de non-manifestation sont du domaine du Non-Être, et les états de manifestation sont du domaine de l'Être, envisagé dans son intégralité ; on peut dire aussi que ces derniers correspondent aux différents degrés de l'Existence, ces degrés n'étant pas autre chose que les différents modes, en multiplicité indéfinie, de la manifestation universelle. Pour établir ici une distinction nette entre l'Être et l'Existence, nous devons, ainsi que nous l'avons déjà dit, considérer l'Être comme étant proprement le principe même de la manifestation ; l'Existence universelle sera alors la manifestation intégrale de l'ensemble des possibilités que comporte l'Être, et qui sont d'ailleurs toutes les possibilités de manifestation, et ceci implique le développement effectif de ces possibilités en mode conditionné. Ainsi, l'Être enveloppe l'Existence, et il est métaphysiquement plus que celle-ci, puisqu'il en est le principe ; l'Existence n'est donc pas identique à l'Être, car celui-ci correspond à un moindre degré de détermination, et, par conséquent, à un plus haut degré d'universalité[43].

---

[43] Nous rappelons encore qu'« exister », dans l'acception étymologique de ce mot (du latin *ex-stare*), c'est proprement être dépendant ou conditionné ; c'est donc, en somme, ne pas avoir en soi-même son propre principe ou sa raison suffisante, ce qui est bien le cas de la manifestation, ainsi que nous l'expliquerons par la suite en définissant la contingence d'une façon plus précise.

Bien que l'Existence soit essentiellement unique, et cela parce que l'Être en soi-même est un, elle n'en comprend pas moins la multiplicité indéfinie des modes de la manifestation, car elle les comprend tous également par là même qu'ils sont également possibles, cette possibilité impliquant que chacun d'eux doit être réalisé selon les conditions qui lui sont propres. Comme nous l'avons dit ailleurs, en parlant de cette « unicité de l'Existence » (en arabe *Wahdatul-wujûd*) suivant les données de l'ésotérisme islamique[44], il résulte de là que l'Existence, dans son « unicité » même, comporte une indéfinité de degrés, correspondant à tous les modes de la manifestation universelle (laquelle est au fond la même chose que l'Existence elle-même) ; et cette multiplicité indéfinie des degrés de l'Existence implique corrélativement, pour un être quelconque envisagé dans le domaine entier de cette Existence, une multiplicité pareillement indéfinie d'états de manifestation possibles, dont chacun doit se réaliser dans un degré déterminé de l'Existence universelle. Un état d'un être est donc le développement d'une possibilité particulière comprise dans un tel degré, ce degré étant défini par les conditions auxquelles est soumise la possibilité dont il s'agit, en tant qu'elle est envisagée comme se réalisant dans le domaine de la manifestation[45].

Ainsi, chaque état de manifestation d'un être correspond à un degré de l'Existence, et cet état comporte en outre des

---

[44] Le Symbolisme de la Croix, pp. 20-21.

[45] Cette restriction est nécessaire parce que, dans son essence non-manifestée, cette même possibilité ne peut évidemment être soumise à de telles conditions.

modalités diverses, suivant les différentes combinaisons de conditions dont est susceptible un même mode général de manifestation ; enfin, chaque modalité comprend elle-même une série indéfinie de modifications secondaires et élémentaires. Par exemple, si nous considérons l'être dans cet état particulier qu'est l'individualité humaine, la partie corporelle de cette individualité n'en est qu'une modalité, et cette modalité est déterminée, non pas précisément par une condition spéciale d'existence, mais par un ensemble de conditions qui en délimitent les possibilités, ces conditions étant celles dont la réunion définit le monde sensible ou corporel[46]. Comme nous l'avons déjà indiqué[47], chacune de ces conditions, considérée isolément des autres, peut s'étendre au-delà du domaine de cette modalité, et, soit par sa propre extension, soit par sa combinaison avec des conditions différentes, constituer alors les domaines d'autres modalités, faisant partie de la même individualité intégrale. D'autre part, chaque modalité doit être regardée comme susceptible de se développer dans le parcours d'un certain cycle de manifestation, et, pour la modalité corporelle, en particulier,

---

[46] C'est ce que la doctrine hindoue désigne comme le domaine de la manifestation grossière ; on lui donne aussi quelquefois le nom de « monde physique », mais cette expression est équivoque, et, si elle peut se justifier par le sens moderne du mot « physique », qui ne s'applique plus en effet qu'à ce qui concerne les seules qualités sensibles, nous pensons qu'il vaut mieux garder toujours à ce mot son sens ancien et étymologique (de $\upsilon\sigma\iota\varsigma$, « nature ») ; lorsqu'on l'entend ainsi, la manifestation subtile n'est pas moins « physique » que la manifestation grossière, car la « nature », c'est-à-dire proprement le domaine du « devenir », est en réalité identique à la manifestation universelle tout entière.

[47] Le Symbolisme de la Croix, p. 102.

les modifications secondaires que comporte ce développement seront tous les moments de son existence (envisagée sous l'aspect de la succession temporelle), ou, ce qui revient au même, tous les actes et tous les gestes, quels qu'ils soient, qu'elle accomplira au cours de cette existence[48].

Il est presque superflu d'insister sur le peu de place qu'occupe le « moi » individuel dans la totalité de l'être[49], puisque, même dans toute l'extension qu'il peut acquérir quand on l'envisage dans son intégralité (et non pas seulement dans une modalité particulière comme la modalité corporelle), il ne constitue qu'un état comme les autres, et parmi une indéfinité d'autres, et cela alors même que l'on se borne à considérer les états de manifestation ; mais, en outre, ceux-ci ne sont eux-mêmes, au point de vue métaphysique, que ce qu'il y a de moins important dans l'être total, pour les raisons que nous avons données plus haut[50]. Parmi les états de manifestation, il en est certains, autres que l'individualité humaine, qui peuvent être également des états individuels (c'est-à-dire formels), tandis que d'autres sont des états non-individuels (ou informels), la nature de chacun étant déterminée (ainsi que sa place dans l'ensemble

---

[48] *Ibid.*, p. 107.
[49] Voir *ibid.*, ch. XXVII.
[50] On pourrait donc dire que le « moi », avec tous les prolongements dont il est susceptible, a incomparablement moins d'importance que ne lui en attribuent les psychologues et les philosophes occidentaux modernes, tout en ayant des possibilités indéfiniment plus étendues qu'ils ne le croient et qu'ils ne peuvent même le supposer (voir *L'Homme et son devenir selon le Vêdânta*, pp. 43-44, et aussi ce que nous dirons plus loin des possibilités de la conscience individuelle).

hiérarchiquement organisé de l'être) par les conditions qui lui sont propres, puisqu'il s'agit toujours d'états conditionnés, par là même qu'ils sont manifestés. Quant aux états de non-manifestation, il est évident que, n'étant pas soumis à la forme, non plus qu'à aucune autre condition d'un mode quelconque d'existence manifestée, ils sont essentiellement extra-individuels ; nous pouvons dire qu'ils constituent ce qu'il y a de vraiment universel en chaque être, donc ce par quoi tout être se rattache, en tout ce qu'il est, à son principe métaphysique et transcendant, rattachement sans lequel il n'aurait qu'une existence toute contingente et purement illusoire au fond.

CHAPITRE V

RAPPORTS DE L'UNITÉ ET DE LA MULTIPLICITÉ

Dans le Non-Être, il ne peut pas être question d'une multiplicité d'états, puisque c'est essentiellement le domaine de l'indifférencié et même de l'inconditionné : l'inconditionné ne peut pas être soumis aux déterminations de l'un et du multiple, et l'indifférencié ne peut pas exister en mode distinctif. Si cependant nous parlons des états de non-manifestation, ce n'est pas pour établir dans l'expression une sorte de symétrie avec les états de manifestation, qui serait injustifiée et tout à fait artificielle ; mais c'est que nous sommes forcé d'y introduire en quelque façon de la distinction, faute de quoi nous ne pourrions pas en parler du tout ; seulement, nous devons bien nous rendre compte que cette distinction n'existe pas en soi, que c'est nous qui lui donnons son existence toute relative, et ce n'est qu'ainsi que nous pouvons envisager ce que nous avons appelé des aspects du Non-Être, en faisant d'ailleurs ressortir tout ce qu'une telle expression a d'impropre et d'inadéquat. Dans le Non-Être, il n'y a pas de multiplicité, et, en toute rigueur, il n'y a pas non plus d'unité, car le Non-Être est le Zéro métaphysique, auquel nous sommes obligé de donner un nom pour en parler, et qui est logiquement antérieur à l'unité ; c'est pourquoi la doctrine hindoue parle seulement à cet égard de « non-dualité » (*adwaita*), ce qui, d'ailleurs, doit encore être rapporté à ce que nous avons dit plus haut sur l'emploi des termes de forme négative.

Il est essentiel de remarquer, à ce propos, que le Zéro métaphysique n'a pas plus de rapports avec le zéro mathématique, qui n'est que le signe de ce qu'on peut appeler un néant de quantité, que l'Infini véritable n'en a avec le simple indéfini, c'est-à-dire la quantité indéfiniment croissante ou indéfiniment décroissante[51] ; et cette absence de rapports, si l'on peut s'exprimer ainsi, est exactement du même ordre dans l'un et l'autre cas, avec cette réserve, pourtant, que le Zéro métaphysique n'est qu'un aspect de l'Infini ; du moins, il nous est permis de le considérer comme tel en tant qu'il contient en principe l'unité, et par suite tout le reste. En effet, l'unité primordiale n'est pas autre chose que le Zéro affirmé, ou, en d'autres termes, l'Être universel, qui est cette unité, n'est que le Non-Être affirmé, dans la mesure où est possible une telle affirmation, qui est déjà une première détermination, car elle n'est que la plus universelle de toutes les affirmations définies, donc conditionnées ; et cette première détermination, préalable à toute manifestation et à

---

[51] Ces deux cas de l'indéfiniment croissant et de l'indéfiniment décroissant sont ce qui correspond en réalité à ce que Pascal a si improprement appelé les « deux infinis » (voir *Le Symbolisme de la Croix*, p. 203) ; il convient d'insister sur le fait que l'un et l'autre ne nous font aucunement sortir du domaine quantitatif.

toute particularisation (y compris la polarisation en « essence » et « substance » qui est la première dualité et, comme telle, le point de départ de toute multiplicité), contient en principe toutes les autres déterminations ou affirmations distinctives (correspondant à toutes les possibilités de manifestation), ce qui revient à dire que l'unité, dès lors qu'elle est affirmée, contient en principe la multiplicité, ou qu'elle est elle-même le principe immédiat de cette multiplicité[52].

On s'est souvent demandé, et assez vainement, comment la multiplicité pouvait sortir de l'unité, sans s'apercevoir que la question, ainsi posée, ne comporte aucune solution, pour la simple raison qu'elle est mal posée et, sous cette forme, ne correspond à aucune réalité ; en effet, la multiplicité ne sort pas de l'unité, pas plus que l'unité ne sort du Zéro métaphysique, ou que quelque chose ne sort du Tout universel, ou que quelque possibilité ne peut se trouver en

---

[52] Nous rappelons encore, car on ne saurait trop y insister, que l'unité dont il s'agit ici est l'unité métaphysique ou « transcendantale », qui s'applique à l'Être universel comme un attribut « coextensif » à celui-ci, pour employer le langage des logiciens (bien que la notion d'« extension » et celle de « compréhension » qui lui est corrélative ne soient plus proprement applicables au-delà des « catégories » ou des genres les plus généraux, c'est-à-dire quand on passe du général à l'universel), et qui, comme telle, diffère essentiellement de l'unité mathématique ou numérique, ne s'appliquant qu'au seul domaine quantitatif ; et il en est de même pour la multiplicité, suivant la remarque que nous avons déjà faite précédemment à plusieurs reprises. Il y a seulement analogie, et non pas identité ni même similitude, entre les notions métaphysiques dont nous parlons et les notions mathématiques correspondantes ; la désignation des unes et des autres par des termes communs n'exprime en réalité rien de plus que cette analogie.

dehors de l'Infini ou de la Possibilité totale[53] La multiplicité est comprise dans l'unité primordiale, et elle ne cesse pas d'y être comprise par le fait de son développement en mode manifesté ; cette multiplicité est celle des possibilités de manifestation, elle ne peut pas être conçue autrement que comme telle, car c'est la manifestation qui implique l'existence distinctive ; et d'autre part, puisqu'il s'agit de possibilités, il faut bien qu'elles existent de la façon qui est impliquée par leur nature. Ainsi le principe de la manifestation universelle, tout en étant un, et en étant même l'unité en soi, contient nécessairement la multiplicité ; et celle-ci dans tous ses développements indéfinis, et s'accomplissant indéfiniment selon une indéfinité de directions[54], procède tout entière de l'unité primordiale, dans laquelle elle demeure toujours comprise, et qui ne peut être aucunement affectée ou modifiée par l'existence en elle de cette multiplicité, car elle ne saurait évidemment cesser d'être elle-même par un effet de sa propre nature, et c'est précisément en tant qu'elle est l'unité qu'elle implique essentiellement les possibilités multiples dont il s'agit. C'est donc dans l'unité même que la multiplicité existe, et, comme elle n'affecte pas l'unité c'est qu'elle n'a qu'une existence toute

---

[53] C'est pourquoi nous pensons qu'on doit, autant que possible, éviter l'emploi d'un terme tel que celui d'« émanation », qui évoque une idée ou plutôt une image fausse, celle d'une « sortie » hors du Principe.

[54] Il va de soi que ce mot de « directions », emprunté à la considération des possibilités spatiales, doit être entendu ici symboliquement, car, au sens littéral, il ne s'appliquerait qu'à une infime partie des possibilités de manifestation ; le sens que nous lui donnons présentement est en conformité avec tout ce que nous avons exposé dans Le *Symbolisme de la Croix*.

contingente par rapport à celle-ci ; nous pouvons même dire que cette existence, tant qu'on ne la rapporte pas à l'unité comme nous venons de le faire, est purement illusoire ; c'est l'unité seule qui, étant son principe, lui donne toute la réalité dont elle est susceptible ; et l'unité elle-même, à son tour, n'est pas un principe absolu et se suffisant à soi-même mais c'est du Zéro métaphysique qu'elle tire sa propre réalité.

L'Être, n'étant que la première affirmation, la détermination la plus primordiale, n'est pas le principe suprême de toutes choses ; il n'est, nous le répétons, que le principe de la manifestation, et on voit par là combien le point de vue métaphysique est restreint par ceux qui prétendent le réduire exclusivement à la seule « ontologie » ; faire ainsi abstraction du Non-Être, c'est même proprement exclure tout ce qui est le plus vraiment et le plus purement métaphysique. Cela étant dit en passant, nous conclurons ainsi en ce qui concerne le point que nous venons de traiter : l'Être est un en soi-même, et, par suite, l'Existence universelle, qui est la manifestation intégrale de ses possibilités, est unique dans son essence et sa nature intime ; mais ni l'unité de l'Être ni l'« unicité » de l'Existence n'excluent la multiplicité des modes de la manifestation, d'où l'indéfinité des degrés de l'Existence, dans l'ordre général et cosmique, et celle des états de l'être, dans l'ordre des existences particulières[55]. Donc, la considération des états multiples n'est aucunement en

---

[55] Nous ne disons pas « individuelles », car dans ce dont il s'agit ici sont compris également les états de manifestation informelle, qui sont supra-individuels.

contradiction avec l'unité de l'Être, non plus qu'avec l'« unicité » de l'Existence qui est fondée sur cette unité, puisque ni l'une ni l'autre ne sont affectées en quoi que ce soit par la multiplicité ; et il résulte de là que, dans tout le domaine de l'Être, la constatation de la multiplicité, loin de contredire l'affirmation de l'unité ou de s'y opposer en quelque façon, y trouve le seul fondement valable qui puisse lui être donné, tant logiquement que métaphysiquement.

CHAPITRE VI

CONSIDÉRATIONS ANALOGIQUES TIRÉES DE L'ÉTUDE DE L'ÉTAT DE RÊVE

Nous quitterons maintenant le point de vue purement métaphysique auquel nous nous sommes placé, dans le chapitre précédent, pour envisager la question des rapports de l'unité et de la multiplicité, car nous pourrons peut-être mieux encore faire comprendre la nature de ces rapports par quelques considérations analogiques, données ici à titre d'exemple, ou plutôt d'« illustration », si l'on peut ainsi parler[56], et qui montreront dans quel sens et dans quelle mesure on peut dire que l'existence de la multiplicité est illusoire au regard de l'unité, tout en ayant, bien entendu, autant de réalité qu'en comporte sa nature. Nous emprunterons ces considérations, d'un caractère plus particulier, à l'étude de l'état de rêve, qui est une des modalités de manifestation de l'être humain, correspondant à la partie subtile (c'est-à-dire non-corporelle)

---

[56] En effet, il n'y a pas d'exemple possible, au sens strict de ce mot, en ce qui concerne les vérités métaphysiques, puisque celles-ci sont universelles par essence et ne sont susceptibles d'aucune particularisation, tandis que tout exemple est forcément d'ordre particulier, à un degré ou à un autre.

de son individualité, et dans lequel cet être produit un monde qui procède tout entier de lui-même, et dont les objets consistent exclusivement dans des conceptions mentales (par opposition aux perceptions sensorielles de l'état de veille), c'est-à-dire dans des combinaisons d'idées revêtues de formes subtiles, ces formes dépendant d'ailleurs substantiellement de la forme subtile de l'individu lui-même, dont les objets idéaux du rêve ne sont en somme qu'autant de modifications accidentelles et secondaires[57].

L'homme, dans l'état de rêve, se situe donc dans un monde qui est tout entier imaginé par lui[58], dont tous les éléments sont par conséquent tirés de lui-même, de sa propre individualité plus ou moins étendue (dans ses modalités extra-corporelles), comme autant de « formes illusoires » (*mâyâvi-rûpa*)[59], et cela alors même qu'il n'en possède pas actuellement la conscience claire et distincte. Quel que soit le point de départ intérieur ou extérieur, pouvant être fort différent suivant les cas, qui donne au rêve une certaine direction, les événements qui s'y déroulent ne peuvent résulter que d'une combinaison d'éléments contenus, au moins potentiellement et comme susceptibles d'un certain genre de réalisation, dans la compréhension intégrale de l'individu ; et, si ces éléments, qui sont des modifications de l'individu, sont en multitude indéfinie, la variété de telles

---

[57] Voir L'Homme et son devenir selon le Vêdânta, ch. XIV.
[58] Le mot « imaginé » doit être entendu ici dans son sens le plus exact, puisque c'est bien d'une formation d'images qu'il s'agit essentiellement dans le rêve.
[59] Voir L'Homme et son devenir selon le Vêdânta, p. 108.

combinaisons possibles est également indéfinie. Le rêve, en effet, doit être regardé comme un mode de réalisation pour des possibilités qui, tout en appartenant au domaine de l'individualité humaine, ne sont pas susceptibles, pour une raison ou pour une autre, de se réaliser en mode corporel ; telles sont, par exemple, les formes d'êtres appartenant au même monde, mais autres que l'homme, formes que celui-ci possède virtuellement en lui-même en raison de la position centrale qu'il occupe dans ce monde[60]. Ces formes ne peuvent évidemment être réalisées par l'être humain que dans l'état subtil, et le rêve est le moyen le plus ordinaire, on pourrait dire le plus normal, de tous ceux par lesquels il lui est possible de s'identifier à d'autres êtres, sans cesser aucunement pour cela d'être lui-même, ainsi que l'indique ce texte taoïste : « Jadis, raconte Tchoang-tseu, une nuit, je fus un papillon, voltigeant content de son sort ; puis je m'éveillai, étant Tchoang-tcheou.

Qui suis-je, en réalité ? Un papillon qui rêve qu'il est Tchoang-tcheou, ou Tchoang-tcheou qui s'imagine qu'il fut papillon ? Dans mon cas, y a-t'il deux individus réels ? Y a-t-il eu transformation réelle d'un individu en un autre ? Ni l'un ni l'autre ; il y a eu deux modifications irréelles de l'être unique, de la norme universelle, dans laquelle tous les êtres dans tous leurs états sont un »[61].

Si l'individu qui rêve prend en même temps, dans le cours

---

[60] Voir *Le Symbolisme de la Croix*, pp. 28-29 et 197-198.
[61] Tchoang-tseu, ch. 11.

de ce rêve, une part active aux événements qui s'y déroulent par l'effet de sa faculté imaginative, c'est-à-dire s'il y joue un rôle déterminé dans la modalité extra-corporelle de son être qui correspond actuellement à l'état de sa conscience clairement manifestée, ou à ce qu'on pourrait appeler la zone centrale de cette conscience, il n'en faut pas moins admettre que, simultanément, tous les autres rôles y sont également « agis » par lui, soit dans d'autres modalités, soit tout au moins dans différentes modifications secondaires de la même modalité, appartenant aussi à sa conscience individuelle, sinon dans son état actuel, restreint, de manifestation en tant que conscience, du moins dans l'une quelconque de ses possibilités de manifestation, lesquelles, dans leur ensemble, embrassent un champ indéfiniment plus étendu. Tous ces rôles apparaissent naturellement comme secondaires par rapport à celui qui est le principal pour l'individu, c'est-à-dire à celui où sa conscience actuelle est directement intéressée, et, puisque tous les éléments du rêve n'existent que par lui, on peut dire qu'ils ne sont réels qu'autant qu'ils participent à sa propre existence : c'est lui-même qui les réalise comme autant de modifications de lui-même, et sans cesser pour cela d'être lui-même indépendamment de ces modifications qui n'affectent en rien ce qui constitue l'essence propre de son individualité. De plus, si l'individu est conscient qu'il rêve, c'est-à-dire que tous les événements qui se déroulent dans cet état n'ont véritablement que la réalité qu'il leur donne lui-même, il n'en sera aucunement affecté alors même qu'il y sera acteur en même temps que spectateur, et précisément parce qu'il ne cessera pas d'être spectateur pour devenir acteur, la conception et la réalisation n'étant plus séparées pour sa conscience individuelle parvenue à un degré de développement suffisant pour embrasser synthétiquement toutes les modifications actuelles de l'individualité. S'il en est autrement, les mêmes modifications peuvent encore se réaliser, mais, la conscience ne reliant plus directement cette réalisation à la conception dont elle est un effet, l'individu est porté à attribuer aux événements une réalité extérieure à lui-même, et, dans la mesure où il la leur attribue effectivement, il est soumis à une illusion dont la cause est en lui, illusion qui consiste à séparer la multiplicité de ces événements de ce qui en est le principe immédiat, c'est-à-dire de sa propre unité individuelle[62].

C'est là un exemple très net d'une multiplicité existant dans une unité sans que celle-ci en soit affectée ; encore que l'unité dont il s'agit ne soit qu'une unité toute relative, celle d'un individu, elle n'en joue pas moins, par rapport à cette multiplicité, un rôle analogue à celui de l'unité véritable et primordiale par rapport à la manifestation universelle. D'ailleurs, nous aurions pu prendre un autre exemple, et même considérer de cette façon la perception à l'état de

---

[62] Les mêmes remarques peuvent s'appliquer également au cas de l'hallucination, dans lequel l'erreur ne consiste pas, comme on le dit d'ordinaire, à attribuer une réalité à l'objet perçu, car il serait évidemment impossible de percevoir quelque chose qui n'existerait en aucune façon, mais bien à lui attribuer un mode de réalité autre que celui qui est vraiment le sien : c'est en somme une confusion entre l'ordre de la manifestation subtile et celui de la manifestation corporelle.

veille[63] ; mais le cas que nous avons choisi a sur celui-là l'avantage de ne donner prise à aucune contestation, en raison des conditions qui sont particulières au monde du rêve, dans lequel l'homme est isolé de toutes les choses extérieures, ou supposées extérieures[64], qui constituent le monde sensible. Ce qui fait la réalité de ce monde du rêve, c'est uniquement la conscience individuelle envisagée dans tout son développement, dans toutes les possibilités de manifestation qu'elle comprend ; et, d'ailleurs, cette même conscience, ainsi envisagée dans son ensemble, comprend ce monde du rêve au même titre que tous les autres éléments de la manifestation individuelle, appartenant à l'une quelconque des modalités qui sont contenues dans l'extension intégrale de la possibilité individuelle.

Maintenant, il importe de remarquer que, si l'on veut considérer analogiquement la manifestation universelle, on peut seulement dire que, comme la conscience individuelle fait la réalité de ce monde spécial qui est constitué par toutes ses modalités possibles, il y a aussi quelque chose qui fait la réalité de l'Univers manifesté, mais sans qu'il soit aucunement légitime de faire de ce « quelque chose » l'équivalent d'une

---

[63] Leibnitz a défini la perception comme « l'expression de la multiplicité dans l'unité » (*multorum in uno expressio*), ce qui est juste, mais à la condition de faire les réserves que nous avons déjà indiquées sur l'unité qu'il convient d'attribuer à la « substance individuelle » (cf. *Le Symbolisme de la Croix*, pp. 34-35).

[64] Par cette restriction, nous n'entendons aucunement nier l'extériorité des objets sensibles, qui est une conséquence de leur spatialité ; nous voulons seulement indiquer que nous ne faisons pas intervenir ici la question du degré de réalité qu'il y a lieu d'assigner à cette extériorité.

faculté individuelle ou d'une condition spécialisée d'existence, ce qui serait une conception éminemment anthropomorphique et antimétaphysique. C'est alors quelque chose qui n'est, par conséquent, ni la conscience ni la pensée, mais dont la conscience et la pensée ne sont au contraire que des modes particuliers de manifestation ; et, s'il y a une indéfinité de tels modes possibles, qui peuvent être regardés comme autant d'attributions, directes ou indirectes, de l'Être universel, analogues dans une certaine mesure à ce que sont pour l'individu les rôles joués dans le rêve par ses modalités ou modifications multiples, et par lesquelles il n'est pas davantage affecté dans sa nature intime, il n'y a aucune raison de prétendre réduire toutes ces attributions à une ou plusieurs d'entre elles, ou du moins il ne peut y en avoir qu'une, qui n'est autre que cette tendance systématique que nous avons déjà dénoncée comme incompatible avec l'universalité de la métaphysique. Ces attributions, quelles qu'elles soient, sont seulement des aspects différents de ce principe unique qui fait la réalité de toute la manifestation parce qu'il est l'Être lui-même, et leur diversité n'existe que du point de vue de la manifestation différenciée, non du point de vue de son principe ou de l'Être en soi, qui est l'unité primordiale et véritable. Cela est vrai même pour la distinction la plus universelle qu'on puisse faire dans l'Être, celle de l'« essence » et de la « substance », qui sont comme les deux pôles de toute la manifestation ; « a fortiori » en est-il ainsi pour des aspects beaucoup plus particuliers, donc plus contingents et d'importance secondaire[65] : quelque valeur qu'ils puissent prendre aux yeux de l'individu, lorsque celui-ci les envisage de son point de vue spécial, ce ne sont là, à proprement parler, que de simples « accidents » dans l'Univers.

---

[65] Nous faisons allusion ici, notamment, à la distinction de l'« esprit » et de la « matière », telle que la pose, depuis Descartes, toute la philosophie occidentale, qui en est arrivée à vouloir absorber toute réalité, soit dans les deux termes de cette distinction, soit dans l'un ou l'autre seulement de ces deux termes, au-dessus desquels elle est incapable de s'élever (voir *Introduction générale à l'étude des doctrines hindoues*, pp. 137-142.

CHAPITRE VII

LES POSSIBILITÉS DE LA CONSCIENCE INDIVIDUELLE

Ce que nous venons de dire au sujet de l'état de rêve nous amène à parler quelque peu, d'une façon générale, des possibilités que comporte l'être humain dans les limites de son individualité, et, plus particulièrement, des possibilités de cet état individuel envisagé sous l'aspect de la conscience, qui constitue une de ses caractéristiques principales. Bien entendu, ce n'est pas au point de vue psychologique que nous entendons nous placer ici, quoique ce point de vue puisse se définir précisément par la conscience considérée comme un caractère inhérent à certaines catégories de phénomènes qui se produisent dans l'être humain, ou, si l'on préfère une façon de parler plus imagée, comme le « contenant » de ces mêmes phénomènes[66]. Le psychologue, d'ailleurs, n'a pas à se préoccuper de rechercher ce que peut être au fond la nature de cette conscience, pas plus que le géomètre ne recherche ce qu'est la nature de l'espace, qu'il prend comme une donnée

---

[66] Le rapport de contenant à contenu, pris dans son sens littéral, est un rapport spatial ; mais ici il ne doit être entendu que d'une façon toute figurée, puisque ce dont il s'agit est sans étendue et ne se situe pas dans l'espace.

incontestable, et qu'il considère simplement comme le contenant de toutes les formes qu'il étudie. En d'autres termes, la psychologie n'a à s'occuper que de ce que nous pouvons appeler la « conscience phénoménique », c'est-à-dire la conscience considérée exclusivement dans ses rapports avec les phénomènes, et sans se demander si elle est ou n'est pas l'expression de quelque chose d'un autre ordre, qui, par définition même, ne relève plus du domaine psychologique[67].

Pour nous, la conscience est tout autre chose que pour le psychologue : elle ne constitue pas un état d'être particulier, et elle n'est d'ailleurs pas le seul caractère distinctif de l'état individuel humain ; même dans l'étude de cet état, ou plus précisément de ses modalités extra-corporelles, il ne nous est donc pas possible d'admettre que tout se ramène à un point de vue plus ou moins similaire à celui de la psychologie. La conscience serait plutôt une condition de l'existence dans certains états, mais non pas strictement dans le sens où nous parlons, par exemple, des conditions de l'existence corporelle ; on pourrait dire, d'une façon plus exacte, quoique pouvant paraître quelque peu étrange à première vue, qu'elle est une « raison d'être » pour les états dont il s'agit, car elle est manifestement ce par quoi l'être individuel participe de

---

[67] Il résulte de là que la psychologie, quoi que certains puissent en prétendre, a exactement le même caractère de relativité que n'importe quelle autre science spéciale et contingente, et qu'elle n'a pas davantage de rapports avec la métaphysique ; il ne faut d'ailleurs pas oublier qu'elle n'est qu'une science toute moderne et « profane », sans lien avec quelques connaissances traditionnelles que ce soit.

l'Intelligence universelle (*Buddhi* de la doctrine hindoue)[68] ; mais, naturellement, c'est à la faculté mentale individuelle (*manas*) qu'elle est inhérente sous sa forme déterminée (comme *ahankâra*)[69], et, par suite, dans d'autres états, la même participation de l'être à l'Intelligence universelle peut se traduire en un tout autre mode. La conscience, dont nous ne prétendons d'ailleurs pas donner ici une définition complète, ce qui serait sans doute assez peu utile[70], est donc quelque chose de spécial, soit à l'état humain, soit à d'autres états individuels plus ou moins analogues à celui-là ; par suite, elle n'est aucunement un principe universel, et, si elle constitue cependant une partie intégrante et un élément nécessaire de l'existence universelle, ce n'est qu'exactement au même titre que toutes les conditions propres à n'importe quels états d'être, sans qu'elle possède à cet égard le moindre privilège, non plus que les états auxquels elle se réfère n'en possèdent eux-mêmes par rapport aux autres états[71].

Malgré ces restrictions essentielles, la conscience, dans l'état individuel humain, n'en est pas moins, comme cet état lui-même, susceptible d'une extension indéfinie ; et, même chez l'homme ordinaire, c'est-à-dire chez celui qui n'a pas développé spécialement ses modalités extra-corporelles, elle

---

[68] Voir L'Homme et son devenir selon le Vêdânta, ch. VII.

[69] *Ibid.*, ch. VIII.

[70] Il arrive, en effet, que, pour des choses dont chacun a par lui-même une notion suffisamment claire, comme c'est le cas ici, la définition apparaît comme plus complexe et plus obscure que la chose elle-même.

[71] Sur cette équivalence de tous les états au point de vue de l'être total, voir *Le Symbolisme de la Croix*, ch. XXVII.

s'étend effectivement beaucoup plus loin qu'on ne le suppose communément. On admet assez généralement, il est vrai, que la conscience actuellement claire et distincte n'est pas toute la conscience, qu'elle n'en est qu'une portion plus ou moins considérable, et que ce qu'elle laisse en dehors d'elle peut la dépasser de beaucoup en étendue et en complexité ; mais, si les psychologues reconnaissent volontiers l'existence d'une « subconscience », si même ils en abusent parfois comme d'un moyen d'explication trop commode, en y faisant rentrer indistinctement tout ce qu'ils ne savent où classer parmi les phénomènes qu'ils étudient, ils ont toujours oublié d'envisager corrélativement une « superconscience »[72], comme si la conscience ne pouvait pas se prolonger aussi bien par en haut que par en bas, si tant est que ces notions relatives de « haut » et de « bas » aient ici un sens quelconque, et il est vraisemblable qu'elles doivent en avoir un, du moins, pour le point de vue spécial des psychologues. Notons d'ailleurs que « subconscience » et « superconscience » ne sont en réalité, l'une et l'autre, que de simples prolongements de la conscience, qui ne nous font nullement sortir de son domaine intégral, et qui, par conséquent, ne peuvent en aucune façon être assimilés à l'« inconscient », c'est-à-dire à ce qui est en

---

[72] Certains psychologues ont cependant employé ce terme de « superconscience », mais ils n'entendent par là rien d'autre que la conscience normale claire et distincte, par opposition à la « subconscience » ; dans ces conditions, ce n'est là qu'un néologisme parfaitement inutile. Au contraire, ce que nous entendons ici par « superconscience » est véritablement symétrique de la « subconscience » par rapport à la conscience ordinaire, et alors ce terme ne fait plus double emploi avec aucun autre.

dehors de la conscience, mais doivent au contraire être compris dans la notion complète de la conscience individuelle.

Dans ces conditions, la conscience individuelle peut suffire à rendre compte de tout ce qui, au point de vue mental, se passe dans le domaine de l'individualité, sans qu'il y ait lieu de faire appel à l'hypothèse bizarre d'une « pluralité de consciences », que certains ont été jusqu'à entendre dans le sens d'un « polypsychisme » littéral. Il est vrai que l'« unité du moi », telle qu'on l'envisage d'ordinaire, est également illusoire ; mais, s'il en est ainsi, c'est justement que la pluralité et la complexité existent au sein même de la conscience, qui se prolonge en des modalités dont certaines peuvent être fort lointaines et fort obscures, comme celles qui constituent ce qu'on peut appeler la « conscience organique »[73], et comme aussi la plupart de celles qui se manifestent dans l'état de rêve.

D'un autre côté, l'extension indéfinie de la conscience rend complètement inutiles certaines théories étranges qui ont vu le jour à notre époque, et que leur impossibilité métaphysique suffit d'ailleurs à réfuter pleinement. Nous n'entendons pas parler seulement ici des hypothèses plus ou moins « réincarnationnistes » et de toutes celles qui leur sont comparables, comme impliquant une semblable limitation de la Possibilité universelle, et sur lesquelles nous avons eu déjà l'occasion de nous expliquer avec tous les développements

---

[73] Voir L'Homme et son devenir selon le Vêdânta, p. 182.

nécessaires [74] ; nous avons plus particulièrement en vue l'hypothèse « transformiste », qui, du reste, a maintenant perdu beaucoup de la considération imméritée dont elle a joui pendant un certain temps[75]. Pour préciser ce point sans nous y étendre outre mesure, nous ferons remarquer que la prétendue loi du « parallélisme de l'ontogénie et de la phylogénie », qui est un des principaux postulats du « transformisme », suppose, avant tout, qu'il y a réellement une « phylogénie » ou « filiation de l'espèce », ce qui n'est pas un fait, mais une hypothèse toute gratuite ; le seul fait qui puisse être constaté, c'est la réalisation de certaines formes organiques par l'individu au cours de son développement embryonnaire, et, dès lors qu'il réalise ces formes de cette façon, il n'a pas besoin de les avoir réalisées déjà dans de soi-disant « existences successives », et il n'est pas davantage nécessaire que l'espèce à laquelle il appartient les ait réalisées pour lui dans un développement auquel, en tant qu'individu, il n'aurait pu prendre aucune part. D'ailleurs, les considérations embryologiques étant mises à part, la conception des états multiples nous permet d'envisager tous ces états comme existant simultanément dans un même être, et non pas comme ne pouvant être parcourus que successivement au cours d'une « descendance » qui passerait,

---

[74] *L'Erreur spirite*, 2ème partie, ch. VI ; cf. *Le Symbolisme de la Croix*. pp. 125-127.

[75] Le succès de cette théorie fut d'ailleurs dû pour une bonne part à des raisons qui n'ont rien de « scientifique », mais qui tiennent directement à son caractère antitraditionnel ; pour les mêmes raisons, il est à prévoir que, alors même qu'aucun biologiste sérieux n'y croira plus, elle subsistera longtemps encore dans les manuels scolaires et les ouvrages de vulgarisation.

non seulement d'un être à un autre, mais même d'une espèce à une autre[76]. L'unité de l'espèce est, en un sens, plus véritable et plus essentielle que celle de l'individu[77], ce qui s'oppose à la réalité d'une telle « descendance » ; au contraire, l'être qui, comme individu, appartient à une espèce déterminée, n'en est pas moins, en même temps, indépendant de cette espèce dans ses états extra-individuels, et peut même, sans aller aussi loin, avoir des liens établis avec d'autres espèces par de simples prolongements de l'individualité. Par exemple, comme nous l'avons dit plus haut, l'homme qui revêt une certaine forme en rêve, fait par là même de cette forme une modalité secondaire de sa propre individualité, et, par suite, il la réalise effectivement suivant le seul mode où cette réalisation lui soit possible. Il y a aussi, à ce même point de vue, d'autres prolongements individuels qui sont d'un ordre assez différent, et qui présentent un caractère plutôt organique ; mais ceci nous entraînerait trop loin, et nous nous bornons à l'indiquer en passant[78]. D'ailleurs, pour ce qui est d'une

---

[76] Il doit être bien entendu que l'impossibilité du changement des espèce ne s'applique qu'aux espèces véritables, qui ne coïncident pas toujours forcément avec ce qui est désigné comme tel dans les classifications des zoologistes et des botanistes, ceux-ci pouvant prendre à tort pour des espèces distinctes ce qui n'est en réalité que races ou variétés d'une même espèce.

[77] Cette affirmation peut paraître assez paradoxale au premier abord, mais elle se justifie suffisamment quand on considère le cas des végétaux et celui de certains animaux dits inférieurs, tels que les polypes et les vers, où il est à peu près impossible de reconnaître si l'on se trouve en présence d'un ou de plusieurs individus et de déterminer dans quelle mesure ces individus sont vraiment distincts les uns des autres, tandis que les limites de l'espèce, au contraire, apparaissent toujours assez nettement.

[78] Cf. L'Erreur spirite, pp. 249-252.

réfutation plus complète et plus détaillée des théories « transformistes », elle doit être rapportée surtout à l'étude de la nature de l'espèce et de ses conditions d'existence, étude que nous ne saurions avoir l'intention d'aborder présentement ; mais ce qu'il est essentiel de remarquer, c'est que la simultanéité des états multiples suffit à prouver l'inutilité de telles hypothèses, qui sont parfaitement insoutenables dès qu'on les envisage du point de vue métaphysique, et dont le défaut de principe entraîne nécessairement la fausseté de fait.

Nous insistons plus particulièrement sur la simultanéité des états d'être, car, même pour les modifications individuelles, qui se réalisent en mode successif dans l'ordre de la manifestation, si elles n'étaient pas conçues comme simultanées en principe, leur existence ne pourrait être que purement illusoire. Nous avons eu déjà l'occasion d'insister suffisamment là-dessus[79], et nous avons alors montré que l'« écoulement des formes » dans le manifesté, à la condition de lui conserver son caractère tout relatif et contingent, est pleinement compatible avec la « permanente actualité » de toutes choses dans le non-manifesté.

---

[79] L'Homme et son devenir selon le Vêdânta, pp. 120-124.

René Guénon

CHAPITRE VIII

LE MENTAL, ÉLÉMENT CARACTÉRISTIQUE DE L'INDIVIDUALITÉ HUMAINE

Nous avons dit que la conscience, entendue dans son sens le plus général, n'est pas quelque chose qui puisse être regardé comme rigoureusement propre à l'être humain comme tel, comme susceptible de le caractériser à l'exclusion de tous les autres ; et il y a en effet, même dans le domaine de la manifestation corporelle (qui ne représente qu'une portion restreinte du degré de l'Existence où se situe l'être humain), et de cette partie de la manifestation corporelle qui nous environne plus immédiatement et qui constitue l'existence terrestre, une multitude d'êtres qui n'appartiennent pas à l'espèce humaine, mais qui présentent cependant avec elle assez de similitude, sous bien des rapports, pour qu'il ne soit pas permis de les supposer dépourvus de la conscience, même prise simplement dans son sens psychologique ordinaire. Tel est, à un degré ou à un autre, le cas de toutes les espèces animales, qui témoignent d'ailleurs manifestement de la possession de la conscience ; il a fallu tout l'aveuglement que peut causer l'esprit de système pour donner naissance à une théorie aussi contraire à toute évidence que l'est la théorie cartésienne des « animaux-machines ». Peut-être même faut-il aller plus loin encore, et, pour les autres règnes organiques, sinon pour tous les êtres du monde corporel, envisager la possibilité d'autres formes de la conscience, qui apparaît comme liée plus spécialement à la condition vitale ; mais ceci n'importe pas présentement pour ce que nous nous proposons d'établir.

Cependant, il est assurément une forme de la conscience, parmi toutes celles qu'elle peut revêtir, qui est proprement humaine, et cette forme déterminée (*ahankâra* ou « conscience du moi ») est celle qui est inhérente à la faculté que nous appelons le « mental », c'est-à-dire précisément à ce « sens interne » qui est désigné en sanscrit sous le nom de *manas*, et qui est véritablement la caractéristique de l'individualité humaine[80]. Cette faculté est quelque chose de tout à fait spécial, qui, comme nous l'avons expliqué amplement en d'autres occasions, doit être soigneusement distingué de l'intellect pur, celui-ci devant au contraire, en raison de son universalité, être regardé comme existant dans

---

[80] Voir *L'Homme et son devenir selon le Vêdânta*, ch. VIII. - Nous employons le terme de « mental », préférablement à tout autre, parce que sa racine est la même que celle du sanscrit *manas*, qui se retrouve dans le latin *mens*, l'anglais *mind*, etc. ; d'ailleurs, les nombreux rapprochements linguistiques que l'on peut faire aisément au sujet de cette racine *man* ou *men* et des diverses significations des mots qu'elle forme montrent bien qu'il s'agit là d'un élément qui est regardé comme essentiellement caractéristique de l'être humain, puisque sa désignation sert souvent aussi à nommer celui-ci, ce qui implique que cet être est suffisamment défini par la présence de l'élément en question (cf. *ibid.*, pp. 23-24).

tous les êtres et dans tous les états, quelles que puissent être les modalités à travers lesquelles son existence sera manifestée ; et il ne faudrait pas voir dans le « mental » autre chose que ce qu'il est vraiment, c'est-à-dire, pour employer le langage des logiciens, une « différence spécifique » pure et simple, sans que sa possession puisse entraîner par elle-même, pour l'homme, aucune supériorité effective sur les autres êtres. En effet, il ne saurait être question de supériorité ou d'infériorité, pour un être envisagé par rapport à d'autres, que dans ce qu'il a de commun avec ceux-ci et qui implique une différence, non de nature, mais seulement de degrés, tandis que le « mental » est précisément ce qu'il y a de spécial dans l'homme, ce qui ne lui est pas commun avec les êtres non-humains, donc ce à l'égard de quoi il ne peut en aucune façon être comparé à ceux-ci. L'être humain pourra donc sans doute, dans une certaine mesure, être regardé comme supérieur ou inférieur à d'autres êtres à tel ou tel autre point de vue (supériorité ou infériorité d'ailleurs toujours relatives, bien entendu) ; mais la considération du « mental », dès lors qu'on la fait entrer comme « différence » dans la définition de l'être humain, ne pourra jamais fournir aucun point de comparaison.

Pour exprimer encore la même chose en d'autres termes, nous pouvons reprendre simplement la définition aristotélicienne et scolastique de l'homme comme « animal raisonnable » : si on le définit ainsi, et si l'on regarde en même temps la raison, ou mieux la « rationalité », comme étant proprement ce que les logiciens du moyen âge appelaient une *differentia animalis*, il est évident que la présence de celle-ci ne peut constituer rien de plus qu'un simple caractère distinctif. En effet, cette différence ne s'applique que dans le seul genre animal, pour caractériser l'espèce humaine en la distinguant essentiellement de toutes les autres espèces de ce même genre ; mais elle ne s'applique pas aux êtres n'appartenant pas à ce genre, de sorte que de tels êtres (comme les anges par exemple) ne peuvent en aucun cas être dits « raisonnables », et cette distinction marque seulement que leur nature est différente de celle de l'homme, sans impliquer assurément pour eux aucune infériorité par rapport à celui-ci[81]. D'autre part, il est bien entendu que la définition que nous venons de rappeler ne s'applique à l'homme qu'en tant qu'être individuel, car c'est seulement comme tel qu'il peut être regardé comme appartenant au genre animal[82] ; et c'est bien comme être individuel que l'homme est en effet caractérisé par la raison, ou mieux par le « mental », en faisant rentrer dans ce terme plus étendu la raison proprement dite, qui en est un des aspects, et sans doute le principal.

Quand nous disons, en parlant du « mental », ou de la raison, ou, ce qui revient encore à peu près au même, de la

---

[81] Nous verrons plus loin que les états « angéliques » sont proprement les états supra-individuels de la manifestation, c'est-à-dire ceux qui appartiennent au domaine de la manifestation informelle.

[82] Nous rappelons que l'espèce est essentiellement de l'ordre de la manifestation individuelle, qu'elle est strictement immanente à un certain degré défini de l'Existence universelle, et que, par conséquent, l'être ne lui est lié que dans son état correspondant à ce degré.

pensée sous son mode humain, que ce sont des facultés individuelles, il va de soi qu'il faut entendre par là, non pas des facultés qui seraient propres à un individu à l'exclusion des autres, ou qui seraient essentiellement et radicalement différentes chez chaque individu (ce qui serait d'ailleurs la même chose au fond, car on ne pourrait pas vraiment dire alors que ce sont les mêmes facultés, de sorte qu'il ne s'agirait que d'une assimilation purement verbale), mais des facultés qui appartiennent aux individus en tant que tels, et qui n'auraient plus aucune raison d'être si on voulait les considérer en dehors d'un certain état individuel et des conditions particulières qui définissent l'existence dans cet état. C'est en ce sens que la raison, par exemple, est proprement une faculté individuelle humaine, car, s'il est vrai qu'elle est au fond, dans son essence, commune à tous les hommes (sans quoi elle ne pourrait évidemment servir à définir la nature humaine), et qu'elle ne diffère d'un individu à un autre que dans son application et dans ses modalités secondaires, elle n'en appartient pas moins aux hommes en tant qu'individus, et seulement en tant qu'individus, puisqu'elle est justement caractéristique de l'individualité humaine ; et il faut bien prendre garde que ce n'est que par une transposition purement analogique qu'on peut légitimement envisager en quelque façon sa correspondance dans l'universel. Donc, et nous y insistons pour écarter toute confusion possible (confusion que les conceptions « rationalistes » de l'Occident moderne rendent même des plus faciles), si l'on prend le mot « raison » à la fois en un sens

Les états multiples de l'être

universel et en un sens individuel, on doit toujours avoir soin de remarquer que ce double emploi d'un même terme (qu'il serait du reste, en toute rigueur, préférable d'éviter) n'est que l'indication d'une simple analogie, exprimant la réfraction d'un principe universel (qui n'est autre que *Buddhi*) dans l'ordre mental humain [83]. Ce n'est qu'en vertu de cette analogie, qui n'est à aucun degré une identification, que l'on peut en un certain sens, et sous la réserve précédente, appeler aussi « raison » ce qui, dans l'universel, correspond, par une transposition convenable, à la raison humaine, ou, en d'autres termes, ce dont celle-ci est l'expression, comme traduction et manifestation, en mode individualisé [84]. D'ailleurs, les principes fondamentaux de la connaissance, même si on les regarde comme l'expression d'une sorte de « raison universelle », entendue au sens du *Logos* platonicien et alexandrin, n'en dépassent pas moins pour cela, au-delà de toute mesure assignable, le domaine particulier de la raison individuelle, qui est exclusivement une faculté de

---

[83] Dans l'ordre cosmique, la réfraction correspondante du même principe a son expression dans le *Manu* de la tradition hindoue (voir *Introduction générale à l'étude des doctrines hindoues*, 3ème partie, ch. V. et *L'Homme et son devenir selon le Vêdânta*, pp. 58-59).

[84] Suivant les philosophes scolastiques, une transposition de ce genre doit être effectuée toutes les fois qu'on passe des attributs des êtres créés aux attributs divins, de telle sorte que ce n'est qu'analogiquement que les mêmes termes peuvent être appliqués aux uns et aux autres, et simplement pour indiquer qu'il y a en Dieu le principe de toutes les qualités qui se trouvent dans l'homme ou dans tout autre être, à la condition, bien entendu, qu'il s'agisse de qualités réellement positives, et non de celles qui, n'étant que la conséquence d'une privation ou d'une limitation, n'ont qu'une existence purement négative, quelles que soient d'ailleurs les apparences, et sont par conséquent dépourvues de principe.

connaissance distinctive et discursive[85], et à laquelle ils s'imposent comme des données d'ordre transcendant conditionnant nécessairement toute activité mentale. Cela est évident, du reste, dès que l'on remarque que ces principes ne présupposent aucune existence particulière, mais sont au contraire présupposés logiquement comme des prémisses, au moins implicites, de toute affirmation vraie d'ordre contingent. On peut même dire que, en raison de leur universalité, ces principes, qui dominent toute logique possible, ont en même temps, ou plutôt avant tout, une portée qui s'étend bien au-delà du domaine de la logique, car celle-ci, tout au moins dans son acception habituelle et philosophique[86], n'est et ne peut être qu'une application, plus ou moins consciente d'ailleurs, des principes universels aux conditions particulières de l'entendement humain individualisé[87].

Ces quelques précisions, bien que s'écartant un peu du

---

[85] Connaissance discursive, s'opposant à connaissance intuitive, est au fond synonyme de connaissance indirecte et médiate ; ce n'est donc qu'une connaissance toute relative, et en quelque sorte par reflet ou par participation ; en raison de son caractère d'extériorité, qui laisse subsister la dualité du sujet et de l'objet, elle ne saurait trouver en elle-même la garantie de sa vérité, mais doit la recevoir de principes qui la dépassent et qui sont de l'ordre de la connaissance intuitive, c'est-à-dire purement intellectuelle.

[86] Nous faisons cette restriction parce que la logique, dans des civilisations orientales comme celles de l'Inde et de la Chine, présente un caractère différent, qui en fait un « point de vue » (*darshana*) de la doctrine totale et une véritable « science traditionnelle » (voir *Introduction générale à l'étude des doctrines hindoues*, 3ème partie, ch. IX).

[87] Cf. *Le Symbolisme de la Croix*, ch. XVII.

sujet principal de notre étude, nous ont paru nécessaires pour bien faire comprendre dans quel sens nous disons que le « mental » est une faculté ou une propriété de l'individu comme tel, et que cette propriété représente l'élément essentiellement caractéristique de l'état humain. C'est à dessein, d'ailleurs, que, quand il nous arrive de parler de « facultés », nous laissons à ce terme une acception assez vague et indéterminée ; il est ainsi susceptible d'une application plus générale, dans des cas où il n'y aurait aucun avantage à le remplacer par quelque autre terme plus spécial parce que plus nettement défini.

Pour ce qui est de la distinction essentielle du « mental » d'avec l'intellect pur, nous rappellerons seulement ceci : l'intellect, dans le passage de l'universel à l'individuel, produit la conscience, mais celle-ci, étant de l'ordre individuel, n'est aucunement identique au principe intellectuel lui-même, bien qu'elle en procède immédiatement comme résultante de l'intersection de ce principe avec le domaine spécial de certaines conditions d'existence, par lesquelles est définie l'individualité considérée[88]. D'autre part, c'est à la faculté mentale, unie directement à la conscience, qu'appartient en propre la pensée individuelle, qui est d'ordre formel (et, suivant ce qui vient d'être dit, nous y comprenons la raison aussi bien que la mémoire et l'imagination), et qui n'est nullement inhérente à l'intellect transcendant (*Buddhi*), dont

---

[88] Cette intersection est, suivant ce que nous avons exposé ailleurs, celle du « Rayon Céleste » avec son plan de réflexion (*ibid.*, ch. XXIV).

les attributions sont essentiellement informelles [89]. Ceci montre clairement à quel point cette faculté mentale est en réalité quelque chose de restreint et de spécialisé, tout en étant cependant susceptible de développer des possibilités indéfinies ; elle est donc à la fois beaucoup moins et beaucoup plus que ne le voudraient les conceptions par trop simplifiées, voire même « simplistes », qui ont cours parmi les psychologues occidentaux[90].

---

[89] Voir L'Homme et son devenir selon le Vêdânta, ch. VII et VIII.
[90] C'est ce que nous avons déjà indiqué plus haut au sujet des possibilités du « moi » et de sa place dans l'être total.

CHAPITRE IX

LA HIÉRARCHIE DES FACULTÉS INDIVIDUELLES

La distinction profonde de l'intellect et du mental consiste essentiellement, comme nous venons de le dire, en ce que le premier est d'ordre universel, tandis que le second est d'ordre purement individuel ; par suite, ils ne peuvent pas s'appliquer au même domaine ni aux mêmes objets, et il y a lieu, à cet égard, de distinguer de même l'idée informelle de la pensée formelle, qui n'en est que l'expression mentale, c'est-à-dire la traduction en mode individuel. L'activité de l'être, dans ces deux ordres différents que sont l'intellectuel et le mental, peut, tout en s'exerçant simultanément, arriver à se dissocier au point de les rendre complètement indépendants l'un de l'autre quant à leurs manifestations respectives ; mais nous ne pouvons que signaler ceci en passant et sans y insister, car tout développement sur ce sujet nous entraînerait inévitablement à sortir du point de vue strictement théorique auquel nous entendons nous borner présentement.

D'autre part, le principe psychique qui caractérise l'individualité humaine est d'une double nature : outre l'élément mental proprement dit, il comprend également l'élément sentimental ou émotif, qui, évidemment, relève aussi du domaine de la conscience individuelle, mais qui est encore plus éloigné de l'intellect, et en même temps plus étroitement dépendant des conditions organiques, donc plus proche du monde corporel ou sensible. Cette nouvelle distinction, bien qu'établie à l'intérieur de ce qui est proprement individuel, et par conséquent moins fondamentale que la précédente, est pourtant encore beaucoup plus profonde qu'on ne pourrait le croire à première vue ; et beaucoup d'erreurs ou de méprises de la philosophie occidentale, particulièrement sous sa forme psychologique [91], proviennent de ce que, malgré les apparences, elle ne l'ignore guère moins au fond que celle de l'intellect et du mental, ou que tout au moins elle en méconnaît la portée réelle. De plus, la distinction, et nous pourrions même dire la séparation de ces facultés, montre qu'il y a une véritable multiplicité d'états, ou plus précisément de modalités, dans l'individu lui-même, quoique celui-ci, dans son ensemble, ne constitue qu'un seul état de l'être total ; l'analogie de la partie et du tout se retrouve ici comme partout ailleurs[92]. On peut donc parler d'une hiérarchie des facultés individuelles, aussi bien que d'une hiérarchie des états de l'être total ; seulement, les facultés de l'individu, si elles sont

---

[91] Nous employons cette expression à dessein, parce que certains, au lieu de ne donner à la psychologie que sa place légitime de science spécialisée, prétendent en faire le point de départ et le fondement de toute une pseudo-métaphysique, qui, bien entendu, est sans aucune valeur.

[92] Voir *Le Symbolisme de la Croix*, pp. 25-26 et 34-25.

Les états multiples de l'être

indéfinies dans leur extension possible, sont en nombre défini, et le simple fait de les subdiviser plus ou moins, par une dissociation poussée plus ou moins loin, ne leur ajoute évidemment aucune potentialité nouvelle, tandis que, comme nous l'avons déjà dit, les états de l'être sont véritablement en multitude indéfinie, et cela par leur nature même, qui est (pour les états manifestés) de correspondre à tous les degrés de l'Existence universelle. On pourrait dire que, dans l'ordre individuel, la distinction ne s'opère que par division, et que, dans l'ordre extra-individuel, elle s'opère au contraire par multiplication ; ici comme dans tous les cas, l'analogie s'applique donc en sens inverse[93].

Nous n'avons nullement l'intention d'entrer ici dans l'étude spéciale et détaillée des différentes facultés individuelles et de leurs fonctions ou attributions respectives ; cette étude aurait forcément un caractère plutôt psychologique, du moins tant que nous nous en tiendrions à la théorie de ces facultés, qu'il suffit d'ailleurs de nommer pour que leurs objets propres soient assez clairement définis par là même, à la condition, bien entendu, de rester dans les généralités, qui seules nous importent actuellement. Comme les analyses plus ou moins subtiles ne sont pas du ressort de la métaphysique, et que du reste elles sont ordinairement d'autant plus vaines qu'elles sont plus subtiles, nous les abandonnons très volontiers aux philosophes qui font profession de s'y complaire ; d'un autre côté, notre intention

---

[93] Voir *ibid.* pp. 27-28 et 206-208.

présente n'est pas de traiter complètement la question de la constitution de l'être humain, que nous avons déjà exposée dans un autre ouvrage[94], ce qui nous dispense de plus amples développements sur ces points d'importance secondaire par rapport au sujet qui nous occupe maintenant.

En somme, si nous avons jugé à propos de dire quelques mots de la hiérarchie des facultés individuelles, c'est seulement parce qu'elle permet de se rendre mieux compte de ce que peuvent être les états multiples, en en donnant en quelque sorte une image réduite, comprise dans les limites de la possibilité individuelle humaine. Cette image ne peut être exacte, selon sa mesure, que si l'on tient compte des réserves que nous avons formulées en ce qui concerne l'application de l'analogie ; d'autre part, comme elle sera d'autant meilleure qu'elle sera moins restreinte, il convient d'y faire entrer, conjointement avec la notion générale de la hiérarchie des facultés, la considération des divers prolongements de l'individualité dont nous avons eu l'occasion de parler précédemment. D'ailleurs, ces prolongements, qui sont de différents ordres, peuvent rentrer également dans les subdivisions de la hiérarchie générale ; il y en a même qui, étant en quelque sorte de nature organique comme nous l'avons dit, se rattachent simplement à l'ordre corporel, mais à la condition de voir jusque dans celui-ci quelque chose de psychique à un certain degré, cette manifestation corporelle étant comme enveloppée et pénétrée tout à la fois par la

---

[94] L'Homme et son devenir selon le Vêdânta.

manifestation subtile, en laquelle elle a son principe immédiat. Il n'y a pas lieu, à la vérité, de séparer l'ordre corporel des autres ordres individuels (c'est-à-dire des autres modalités appartenant au même état individuel envisagé dans l'intégralité de son extension) beaucoup plus profondément que ceux-ci ne doivent être séparés entre eux, puisqu'il se situe avec eux à un même niveau dans l'ensemble de l'Existence universelle, et par conséquent dans la totalité des états de l'être ; mais, tandis que les autres distinctions étaient négligées et oubliées, celle-là prenait une importance exagérée en raison du dualisme « esprit-matière » dont la conception a prévalu, pour des causes diverses, dans les tendances philosophiques de tout l'Occident moderne[95].

---

[95] Voir *Introduction générale à l'étude des doctrines hindoues*, pp. 137-142, et *L'Homme et son devenir selon le Vêdânta*, pp. 59-61. - Comme nous l'avons déjà indiqué, c'est à Descartes qu'il faut faire remonter principalement l'origine et la responsabilité de ce dualisme, quoiqu'il faille aussi reconnaître que ses conceptions ont dû leur succès à ce qu'elles n'étaient en somme que l'expression systématisée de tendances préexistantes, celles-là mêmes qui sont proprement caractéristiques de l'esprit moderne (cf. *La Crise du Monde moderne*, pp. 124-128).

René Guénon

CHAPITRE X

LES CONFINS DE L'INDÉFINI

Bien que nous ayons parlé d'une hiérarchie des facultés individuelles, il importe de ne jamais perdre de vue qu'elles sont toutes comprises dans l'extension d'un seul et même état de l'être total, c'est-à-dire dans un plan horizontal de la représentation géométrique de l'être, telle que nous l'avons exposée dans notre précédente étude, tandis que la hiérarchie des différents états est marquée par leur superposition suivant la direction de l'axe vertical de la même représentation. La première de ces deux hiérarchies n'occupe donc, à proprement parler, aucune place dans la seconde, puisque son ensemble s'y réduit à un seul point (le point de rencontre de l'axe vertical avec le plan correspondant à l'état considéré) : en d'autres termes, la différence des modalités individuelles, ne se référant qu'au sens de l'« ampleur », est rigoureusement nulle suivant celui de l'« exaltation »[96].

Il ne faut pas oublier, d'autre part, que l'« ampleur », dans l'épanouissement intégral de l'être, est indéfinie aussi bien

---

[96] Sur la signification de ces termes empruntés à l'ésotérisme islamique, voir *Le Symbolisme de la Croix*, pp. 31-32.

que l'« exaltation » ; et c'est là ce qui nous permet de parler de l'indéfinité des possibilités de chaque état, mais, bien entendu, sans que cette indéfinité doive aucunement être interprétée comme supposant une absence de limites. Nous nous sommes déjà suffisamment expliqué là-dessus en établissant la distinction de l'Infini et de l'indéfini, mais nous pouvons faire intervenir ici une figuration géométrique dont nous n'avons pas encore parlé : dans un plan horizontal quelconque, les confins de l'indéfini sont marqués par le cercle-limite auquel certains mathématiciens ont donné la dénomination, d'ailleurs absurde, de « droite de l'infini »[97], et ce cercle n'est fermé en aucun de ses points, étant un grand cercle (section par un plan diamétral) du sphéroïde indéfini dont le déploiement comprend l'intégralité de l'étendue, représentant la totalité de l'être[98]. Si maintenant nous considérons, dans leur plan, les modifications individuelles parties d'un cycle quelconque extérieur au centre (c'est-à-dire sans identification avec celui-ci suivant le rayon centripète) et se propageant indéfiniment en mode vibratoire, leur arrivée au cercle-limite (suivant le rayon centrifuge) correspond à leur maximum de dispersion, mais, en même temps, est nécessairement le point d'arrêt de leur mouvement centrifuge. Ce mouvement, indéfini en tous sens, représente

---

[97] Cette dénomination vient de ce qu'un cercle dont le rayon croît indéfiniment a pour limite une droite ; et, en géométrie analytique, l'équation du cercle-limite dont il s'agit, et qui est le lieu de tous les points du plan indéfiniment éloignés du centre (origine des coordonnées), se réduit effectivement à une équation du premier degré comme celle d'une droite.

[98] Voir *Le Symbolisme de la Croix*, ch. XX.

la multiplicité des points de vue partiels, en dehors de l'unité du point de vue central, dont cependant ils procèdent tous comme les rayons émanés du centre commun, et qui constitue ainsi leur unité essentielle et fondamentale, mais non actuellement réalisée par rapport à leur voie d'extériorisation graduelle, contingente et multiforme, dans l'indéfinité de la manifestation.

Nous parlons ici d'extériorisation en nous plaçant au point de vue de la manifestation elle-même ; mais on ne doit pas oublier que toute extériorisation est, comme telle, essentiellement illusoire, puisque, comme nous l'avons dit plus haut, la multiplicité, qui est contenue dans l'unité sans que celle-ci en soit affectée, ne peut jamais en sortir réellement, ce qui impliquerait une « altération » (au sens étymologique) en contradiction avec l'immutabilité principielle [99]. Les points de vue partiels, en multitude indéfinie, que sont toutes les modalités d'un être dans chacun de ses états, ne sont donc en somme que des aspects fragmentaires du point de vue central (fragmentation d'ailleurs tout illusoire aussi, celui-ci étant essentiellement indivisible en réalité par là même que l'unité est sans parties), et leur « réintégration » dans l'unité de ce point de vue central et principiel n'est proprement qu'une « intégration » au sens mathématique de ce terme : elle ne saurait exprimer que les éléments aient pu, à un moment quelconque, être vraiment

---

[99] Sur la distinction de l'« intérieur » et de l'« extérieur » et les limites dans lesquelles elle est valable, voir *ibid.*, pp. 205-206.

détachés de leur somme, ou être considérés ainsi autrement que par une simple abstraction. Il est vrai que cette abstraction n'est pas toujours effectuée consciemment, parce qu'elle est une conséquence nécessaire de la restriction des facultés individuelles sous telle ou telle de leurs modalités spéciales, modalité seule actuellement réalisée par l'être qui se place à l'un ou à l'autre de ces points de vue partiels dont il est ici question.

Ces quelques remarques peuvent aider à faire comprendre comment il faut envisager les confins de l'indéfini, et comment leur réalisation est un facteur important de l'unification effective de l'être[100]. Il convient d'ailleurs de reconnaître que leur conception, même simplement théorique, ne va pas sans quelque difficulté, et il doit normalement en être ainsi, puisque l'indéfini est précisément ce dont les limites sont reculées jusqu'à ce que nous les perdions de vue, c'est-à-dire jusqu'à ce qu'elles échappent aux prises de nos facultés, du moins dans l'exercice ordinaire de celles-ci ; mais, ces facultés étant elles-mêmes susceptibles d'une extension indéfinie, ce n'est pas en vertu de leur nature même que l'indéfini les dépasse, mais seulement en vertu d'une limitation de fait due au degré de développement présent de la plupart des êtres humains, de sorte qu'il n'y a à cette conception aucune impossibilité, et que d'ailleurs elle ne nous fait pas sortir de l'ordre des possibilités individuelles.

---

[100] Ceci doit être rapproché de ce que nous avons dit ailleurs, que c'est dans la plénitude de l'expansion que s'obtient la parfaite homogénéité, de même que, inversement, l'extrême distinction n'est réalisable que dans l'extrême universalité (*ibid.*, p. 153).

Quoi qu'il en soit, pour apporter à cet égard de plus grandes précisions, il faudrait considérer plus particulièrement, à titre d'exemple, les conditions spéciales d'un certain état d'existence, ou, pour parler plus rigoureusement, d'une certaine modalité définie, telle que celle qui constitue l'existence corporelle, ce que nous ne pouvons faire dans les limites du présent exposé ; sur cette question encore, nous renverrons donc, comme nous avons déjà dû le faire à diverses reprises, à l'étude que nous nous proposons de consacrer entièrement à ce sujet des conditions de l'existence corporelle.

CHAPITRE XI

PRINCIPES DE DISTINCTION ENTRE LES ÉTATS D'ÊTRE

Jusqu'ici, en ce qui concerne plus spécialement l'être humain, nous avons considéré surtout l'extension de la possibilité individuelle, qui seule constitue d'ailleurs l'état proprement humain ; mais l'être qui possède cet état possède aussi, au moins virtuellement, tous les autres états, sans lesquels il ne saurait être question de l'être total. Si l'on envisage tous ces états dans leurs rapports avec l'état individuel humain, on peut les classer en « préhumains » et « posthumains », mais sans que l'emploi de ces termes doive aucunement suggérer l'idée d'une succession temporelle ; il ne peut ici être question d'« avant » et d'« après » que d'une façon toute symbolique[101], et il ne s'agit que d'un ordre de conséquence purement logique, ou plutôt à la fois logique et ontologique, dans les divers cycles du développement de

---

[101] Cf. *L'Homme et son devenir selon le Vêdânta*, pp. 177-179. - Ce symbolisme temporel est d'ailleurs d'un emploi constant dans la théorie des cycles, que celle-ci soit appliquée à l'ensemble des êtres ou à chacun d'eux en particulier ; les cycles cosmiques ne sont pas autre chose que les états ou degrés de l'Existence universelle, ou leurs modalités secondaires quand il s'agit de cycles subordonnés et plus restreints, qui présentent d'ailleurs des phases correspondantes à celles des cycles plus étendus dans lesquels ils s'intègrent, en vertu de cette analogie de la partie et du tout dont nous avons déjà parlé.

l'être, puisque, métaphysiquement, c'est-à-dire au point de vue principiel, tous ces cycles sont essentiellement simultanés, et qu'ils ne peuvent devenir successifs qu'accidentellement en quelque sorte, en ayant égard à certaines conditions spéciales de manifestation. Nous insistons une fois de plus sur ce point, que la condition temporelle, si généralisée qu'on en suppose la conception, n'est applicable qu'à certains cycles ou à certains états particuliers, comme l'état humain, ou même à certaines modalités de ces états, comme la modalité corporelle (certains des prolongements de l'individualité humaine pouvant échapper au temps, sans sortir pour cela de l'ordre des possibilités individuelles), et qu'elle ne peut à aucun titre intervenir dans la totalisation de l'être[102]. Il en est d'ailleurs exactement de même de la condition spatiale, ou de n'importe quelle autre des conditions auxquelles nous sommes actuellement soumis en tant qu'êtres individuels, aussi bien que de celles auxquelles sont de même soumis tous les autres états de manifestation compris dans l'intégralité du domaine de l'Existence universelle.

Il est assurément légitime d'établir, comme nous venons de l'indiquer, une distinction dans l'ensemble des états de l'être en les rapportant à l'état humain, qu'on les dise logiquement antérieurs ou postérieurs, ou encore supérieurs

---

[102] Cela est vrai, non seulement du temps, mais même de la « durée » envisagée, suivant certaines conceptions, comme comprenant, outre le temps, tous les autres modes possibles de succession, c'est-à-dire toutes les conditions qui, dans d'autres états d'existence, peuvent correspondre analogiquement à ce qu'est le temps dans l'état humain (voir *Le Symbolisme de la Croix*, p. 211).

ou inférieurs à celui-ci, et nous avons donné dès le début les raisons qui justifient une telle distinction ; mais, à vrai dire, ce n'est là qu'un point de vue très particulier, et le fait qu'il est présentement le nôtre ne doit pas nous faire illusion à cet égard ; aussi, dans tous les cas où il n'est pas indispensable de se placer à ce point de vue, il vaut mieux recourir à un principe de distinction qui soit d'un ordre plus général et qui présente un caractère plus fondamental, sans oublier jamais, d'ailleurs, que toute distinction est forcément quelque chose de contingent. La distinction la plus principielle de toutes, si l'on peut dire, et celle qui est susceptible de l'application la plus universelle, est celle des états de manifestation et des états de non-manifestation, que nous avons effectivement posée avant toute autre, dès le commencement de la présente étude, parce qu'elle est d'une importance capitale pour tout l'ensemble de la théorie des états multiples. Cependant, il peut se faire qu'il y ait lieu d'envisager parfois une autre distinction d'une portée plus restreinte, comme celle que l'on pourra établir, par exemple, en se référant, non plus à la manifestation universelle dans son intégralité, mais simplement à l'une quelconque des conditions générales ou spéciales d'existence qui nous sont connues : on divisera alors les états de l'être en deux catégories, suivant qu'ils seront ou ne seront pas soumis à la condition dont il s'agit, et, dans tous les cas, les états de non-manifestation, étant inconditionnés, rentreront nécessairement dans la seconde de ces catégories, celle dont la détermination est purement négative. Ici, nous aurons donc, d'une part, les états qui sont compris à l'intérieur d'un certain domaine déterminé, d'ailleurs plus ou moins étendu, et, d'autre part, tout le reste, c'est-à-dire tous les états qui sont en dehors de ce même domaine ; il y a, par suite, une certaine asymétrie et comme une disproportion entre ces deux catégories, dont la première seule est délimitée en réalité, et cela quel que soit l'élément caractéristique qui sert à les déterminer[103]. Pour avoir de ceci une représentation géométrique, on peut, étant donnée une courbe quelconque tracée dans un plan, considérer cette courbe comme partageant le plan tout entier en deux régions : l'une située à l'intérieur de la courbe, qui l'enveloppe et la délimite, et l'autre s'étendant à tout ce qui est à l'extérieur de la même courbe ; la première de ces deux régions est définie, tandis que la seconde est indéfinie. Les mêmes considérations s'appliquent à une surface fermée dans l'étendue à trois dimensions, que nous avons prise pour symboliser la totalité de l'être ; mais il importe de remarquer que, dans ce cas encore, une des régions est strictement définie (quoique comprenant d'ailleurs toujours une indéfinité de points) dès lors que la surface est fermée, tandis que, dans la division des états de l'être, la catégorie qui est susceptible d'une détermination positive, donc d'une délimitation effective, n'en comporte pas moins, si restreinte qu'on puisse la supposer par rapport à l'ensemble, des possibilités de développement indéfini. Pour obvier à cette imperfection de la représentation géométrique, il suffit de lever la restriction que nous nous sommes imposée en considérant une surface

---

[103] Cf. *L'Homme et son devenir selon le Vêdânta*, p. 43.

fermée, à l'exclusion d'une surface non fermée : en allant jusqu'aux confins de l'indéfini, en effet, une ligne ou une surface, quelle qu'elle soit, est toujours réductible à une courbe ou à une surface fermée[104], de sorte qu'on peut dire qu'elle partage le plan ou l'étendue en deux régions, qui peuvent alors être l'une et l'autre indéfinies en extension, et dont cependant une seule, comme précédemment, est conditionnée par une détermination positive résultant des propriétés de la courbe ou de la surface considérée.

Dans le cas où l'on établit une distinction en rapportant l'ensemble des états à l'un quelconque d'entre eux, que ce soit l'état humain ou tout autre, le principe déterminant est d'un ordre différent de celui que nous venons d'indiquer, car il ne peut plus se ramener purement et simplement à l'affirmation et à la négation d'une certaine condition [105]. Géométriquement, il faut alors considérer l'étendue comme partagée en deux par le plan qui représente l'état pris pour base ou pour terme de comparaison ; ce qui est situé de part et d'autre de ce plan correspond respectivement aux deux catégories qu'on est ainsi amené à envisager, et qui présentent alors une sorte de symétrie ou d'équivalence qu'elles n'avaient pas dans le cas précédent. Cette distinction est celle que nous

---

[104] C'est ainsi, par exemple, que la droite est réductible à une circonférence et le plan a une sphère, comme limites de l'une et de l'autre quand leurs rayons sont supposés croître indéfiniment.

[105] Il est d'ailleurs bien entendu que c'est la négation d'une condition, c'est-à-dire d'une détermination ou d'une limitation, qui a un caractère de positivité au point de vue de la réalité absolue, ainsi que nous l'avons expliqué à propos de l'emploi des termes de forme négative.

avons exposée ailleurs, sous sa forme la plus générale, à propos de la théorie hindoue des trois *gunas*[106] : le plan qui sert de base est indéterminé en principe, et il peut être celui qui représente un état conditionné quelconque, de sorte que ce n'est que secondairement qu'on le détermine comme représentant l'état humain, lorsqu'on veut se placer au point de vue de cet état spécial.

D'autre part, il peut y avoir avantage, particulièrement pour faciliter les applications correctes de l'analogie, à étendre cette dernière représentation à tous les cas, même à ceux auxquels elle ne semble pas convenir directement d'après les considérations précédentes. Pour obtenir ce résultat, il n'y a évidemment qu'à figurer comme un plan de base ce par quoi on détermine la distinction qu'on établit, quel qu'en soit le principe : la partie de l'étendue qui est située au-dessous de ce plan pourra représenter ce qui est soumis à la détermination considérée, et celle qui est située au-dessus représentera alors ce qui n'est pas soumis à cette même détermination. Le seul inconvénient d'une telle représentation est que les deux régions de l'étendue semblent y être également indéfinies, et de la même façon ; mais on peut détruire cette symétrie en regardant leur plan de séparation comme la limite d'une sphère dont le centre est indéfiniment éloigné suivant la direction descendante, ce qui nous ramène en réalité au premier mode de représentation, car ce n'est là qu'un cas particulier de cette réduction à une

---

[106] *Le Symbolisme de la Croix*, ch. V.

surface fermée à laquelle nous faisions allusion tout à l'heure. En somme, il suffit de prendre garde que l'apparence de symétrie, en pareil cas, n'est due qu'à une certaine imperfection du symbole employé ; et, d'ailleurs, on peut toujours passer d'une représentation à une autre lorsqu'on y trouve une commodité plus grande ou quelque avantage d'un autre ordre, puisque, en raison même de cette imperfection inévitable par la nature des choses comme nous avons eu souvent l'occasion de le faire remarquer, une seule représentation est généralement insuffisante pour rendre intégralement (ou du moins sans autre réserve que celle de l'inexprimable) une conception de l'ordre de celle dont il s'agit ici.

Bien que, d'une façon ou d'une autre, on divise les états d'être en deux catégories, il va de soi qu'il n'y a là aucune trace d'un dualisme quelconque, car cette division se fait au moyen d'un principe unique, tel qu'une certaine condition d'existence, et il n'y a ainsi en réalité qu'une seule détermination, qui est envisagée à la fois positivement et négativement. D'ailleurs, pour rejeter tout soupçon de dualisme, si injustifié qu'il soit, il suffit de faire observer que toutes ces distinctions, loin d'être irréductibles, n'existent que du point de vue tout relatif où elles sont établies, et que même elles n'acquièrent cette existence contingente, la seule dont elles soient susceptibles, que dans la mesure où nous la leur donnons nous-mêmes par notre conception. Le point de vue de la manifestation tout entière, bien qu'évidemment plus universel que les autres, est encore tout relatif comme eux, puisque la manifestation elle-même est purement contingente ; ceci s'applique donc même à la distinction que nous avons considérée comme la plus fondamentale et la plus proche de l'ordre principiel, celle des états de manifestation et des états de non-manifestation, comme nous avons d'ailleurs eu soin de l'indiquer déjà en parlant de l'Être et du Non-Être.

CHAPITRE XII

LES DEUX CHAOS

Parmi les distinctions qui, suivant ce que nous avons exposé dans le chapitre précédent, se fondent sur la considération d'une condition d'existence, une des plus importantes, et nous pourrions sans doute même dire la plus importante de toutes, est celle des états formels et des états informels, parce qu'elle n'est pas autre chose, métaphysiquement, qu'un des aspects de la distinction de l'individuel et de l'universel, ce dernier étant regardé comme comprenant à la fois la non-manifestation et la manifestation informelle, ainsi que nous l'avons expliqué ailleurs[107]. En effet, la forme est une condition particulière de certains modes de la manifestation, et c'est à ce titre qu'elle est, notamment, une des conditions de l'existence dans l'état humain ; mais, en même temps, elle est proprement, d'une façon générale, le mode de limitation qui caractérise l'existence individuelle, qui peut lui servir en quelque sorte de définition. Il doit être bien entendu, d'ailleurs, que cette forme n'est pas nécessairement déterminée comme spatiale et temporelle, ainsi qu'elle l'est dans le cas spécial de la modalité

---

[107] *L'Homme et son devenir selon le Vêdânta*, pp. 41-42.

humaine corporelle ; elle ne peut aucunement l'être dans les états non-humains, qui ne sont pas soumis à l'espace et au temps, mais à de tout autres conditions[108]. Ainsi, la forme est une condition commune, non pas à tous les modes de la manifestation, mais du moins à tous ses modes individuels, qui se différencient entre eux par l'adjonction de telles ou telles autres conditions plus particulières ; ce qui fait la nature propre de l'individu comme tel, c'est qu'il est revêtu d'une forme, et tout ce qui est de son domaine, comme la pensée individuelle dans l'homme, est également formel[109]. La distinction que nous venons de rappeler est donc, au fond, celle des états individuels et des états non-individuels (ou supra-individuels), les premiers comprenant dans leur ensemble toutes les possibilités formelles, et les seconds toutes les possibilités informelles.

L'ensemble des possibilités formelles et celui des possibilités informelles sont ce que les différentes doctrines

---

[108] Voir *ibid.*, p. 190, et aussi *Le Symbolisme de la Croix*, p. 18. - « La forme, géométriquement parlant, c'est le contour : c'est l'apparence de la Limite » (Matgioi, *La Voie Métaphysique*, p. 85). On pourrait la définir comme un ensemble de tendances en direction, par analogie avec l'équation tangentielle d'une courbe ; il va sans dire que cette conception, à base géométrique, est transposable dans l'ordre qualitatif. Signalons aussi qu'on peut faire intervenir ces considérations en ce qui concerne les éléments non individualisés (mais non pas supra-individuels) du « monde intermédiaire », auxquels la tradition extrême-orientale donne la dénomination générique d'« influences errantes », et leur possibilité d'individualisation temporaire et fugitive, en détermination de direction, par l'entrée en rapport avec une conscience humaine (cf. *L'Erreur spirite*, pp. 119-123).

[109] C'est sans doute de cette façon qu'il faut entendre ce que dit Aristote, que « l'homme (en tant qu'individu) ne pense jamais sans images », c'est-à-dire sans formes.

Les états multiples de l'être

traditionnelles symbolisent respectivement par les « Eaux inférieures » et les « Eaux supérieures »[110] ; les Eaux, d'une façon générale et au sens le plus étendu, représentent la Possibilité, entendue comme la « perfection passive »[111], ou le principe plastique universel, qui, dans l'Être, se détermine comme la « substance » (aspect potentiel de l'Être) ; dans ce dernier cas, il ne s'agit plus que de la totalité des possibilités de manifestation, les possibilités de non-manifestation étant au-delà de l'Être[112]. La « surface des Eaux », ou leur plan de séparation, que nous avons décrit ailleurs comme le plan de réflexion du « Rayon Céleste »[113], marque donc l'état dans lequel s'opère le passage de l'individuel à l'universel, et le symbole bien connu de la « marche sur les Eaux » figure l'affranchissement de la forme, ou la libération de la condition individuelle[114]. L'être qui est parvenu à l'état correspondant pour lui à la « surface des Eaux », mais sans s'élever encore

---

[110] La séparation des Eaux, au point de vue cosmogonique, se trouve décrite notamment au début de la *Genèse* (I, 6-7).

[111] Voir *Le Symbolisme de la Croix*, pp. 166-167.

[112] Cf. *L'Homme et son devenir selon le Vêdânta* pp. 71-72.

[113] *Le Symbolisme de la Croix*, ch. XXIV. - C'est aussi, dans le symbolisme hindou, le plan suivant lequel le *Brahmânda* ou « Œuf du Monde », au centre duquel réside Hiranyagarbha, se divise en deux moitiés ; cet « Œuf du Monde » est d'ailleurs souvent représenté comme flottant à la surface des Eaux primordiales (voir *L'Homme et son devenir selon le Vêdânta*, pp. 71 et 143-144).

[114] *Nârâyana*, qui est un des noms de *Vishnu* dans la tradition hindoue, signifie littéralement « Celui qui marche sur les Eaux » ; il y a là un rapprochement avec la tradition évangélique qui s'impose de lui-même. Naturellement, là comme partout ailleurs, la signification symbolique ne porte aucune atteinte au caractère historique qu'a dans le second cas le fait considéré, fait qui, du reste, est d'autant moins contestable que sa réalisation, correspondant a l'obtention d'un certain degré d'initiation effective, est beaucoup moins rare qu'on ne le suppose d'ordinaire.

au-dessus de celle-ci, se trouve comme suspendu entre deux chaos, dans lesquels tout n'est d'abord que confusion et obscurité (*tamas*), jusqu'au moment où se produit l'illumination qui en détermine l'organisation harmonique dans le passage de la puissance à l'acte, et par laquelle s'opère, comme par le *Fiat Lux* cosmogonique, la hiérarchisation qui fera sortir l'ordre du chaos[115].

Cette considération des deux chaos, correspondant au formel et à l'informel, est indispensable pour la compréhension d'un grand nombre de figurations symboliques et traditionnelles[116] ; c'est pourquoi nous avons tenu à la mentionner spécialement ici. Du reste, bien que nous ayons déjà traité cette question dans notre précédente étude, elle se rattachait trop directement à notre présent sujet pour qu'il nous fût possible de ne pas la rappeler au moins brièvement.

---

[115] Voir *Le Symbolisme de la Croix*, pp. 175-176 et 194-195.

[116] Cf. notamment le symbolisme extrême-oriental du Dragon, correspondant d'une certaine façon à la conception théologique occidentale du Verbe comme le « lieu des possibles » (voir *L'Homme et son devenir selon le Vêdânta*, p. 168).

CHAPITRE XIII

LES HIÉRARCHIES SPIRITUELLES

La hiérarchisation des états multiples dans la réalisation effective de l'être total permet seule de comprendre comment il faut envisager, au point de vue métaphysique pur, ce qu'on appelle assez généralement les « hiérarchies spirituelles ». Sous ce nom, on entend d'ordinaire des hiérarchies d'êtres différents de l'homme et différents entre eux, comme si chaque degré était occupé par des êtres spéciaux, limités respectivement aux états correspondants ; mais la conception des états multiples nous dispense manifestement de nous placer à ce point de vue, qui peut être très légitime pour la théologie ou pour d'autres sciences ou spéculations particulières, mais qui n'a rien de métaphysique. Au fond, peu nous importe en elle-même l'existence des êtres extra-humains et supra-humains, qui peuvent assurément être d'une indéfinité de sortes, quelles que soient d'ailleurs les appellations par lesquelles on les désigne ; si nous avons toute raison pour admettre cette existence, ne serait-ce que parce que nous voyons aussi des êtres non-humains dans le monde qui nous entoure et qu'il doit par conséquent y avoir dans les autres états des êtres qui ne passent pas par la manifestation humaine (n'y aurait-il que ceux qui sont représentés dans celui-ci par les individualités non-humaines), nous n'avons cependant aucun motif pour nous en occuper spécialement, non plus que des êtres infra-humains, qui existent bien également et qu'on pourrait envisager de la même façon. Personne ne songe à faire de la classification détaillée des êtres non-humains du monde terrestre l'objet d'une étude métaphysique ou soi-disant telle ; on ne voit pas pourquoi il en serait autrement par le simple fait qu'il s'agit d'êtres existant dans d'autres mondes, c'est-à-dire occupant d'autres états, qui, si supérieurs qu'ils puissent être par rapport au nôtre, n'en font pas moins partie, au même titre, du domaine de la manifestation universelle. Seulement, il est facile de comprendre que les philosophes qui ont voulu borner l'être à un seul état, considérant l'homme, dans son individualité plus ou moins étendue, comme constituant un tout complet en lui-même, s'ils ont cependant été amenés à penser vaguement, pour une raison quelconque, qu'il y a d'autres degrés dans l'Existence universelle, n'ont pu faire de ces degrés que les domaines d'êtres qui nous soient totalement étrangers, sauf en ce qu'il peut y avoir de commun à tous les êtres ; et, en même temps, la tendance anthropomorphique les a souvent portés d'autre part à exagérer la communauté de nature, en prêtant à ces êtres des facultés non pas simplement analogues, mais similaires ou même identiques à celles qui appartiennent en propre à l'homme individuel[117]. En réalité, les états dont il s'agit sont

---

[117] Si les états « angéliques » sont les états supra-individuels qui constituent la manifestation informelle, on ne peut attribuer aux anges aucune des facultés qui sont d'ordre proprement individuel ; par exemple, comme nous l'avons dit plus haut, on ne

incomparablement plus différents de l'état humain qu'aucun philosophe de l'Occident moderne n'a jamais pu le concevoir, même de loin ; mais, malgré cela, ces mêmes états, quels que puissent être d'ailleurs les êtres qui les occupent actuellement, peuvent être également réalisés par tous les autres êtres, y compris celui qui est en même temps un être humain dans un autre état de manifestation, sans quoi, comme nous l'avons déjà dit, il ne pourrait être question de la totalité d'aucun être, cette totalité devant, pour être effective, comprendre nécessairement tous les états, tant de manifestation (formelle et informelle) que de non-manifestation, chacun selon le mode dans lequel l'être considéré est capable de le réaliser.

Nous avons noté ailleurs que presque tout ce qui est dit théologiquement des anges peut être dit métaphysiquement des états supérieurs de l'être [118], de même que, dans le symbolisme astrologique du moyen âge, les « cieux », c'est-à-dire les différentes sphères planétaires et stellaires, représentent ces mêmes états, et aussi les degrés initiatiques auxquels correspond leur réalisation [119] ; et, comme les « cieux » et les « enfers », les *Dêvas* et les *Asuras*, dans la tradition hindoue, représentent respectivement les états supérieurs et inférieurs par rapport à l'état humain[120]. Bien entendu, tout ceci n'exclut aucun des modes de réalisation qui

---

peut les supposer doués de raison, ce qui est la caractéristique exclusive de l'individualité humaine, et ils ne peuvent avoir qu'un mode d'intelligence purement intuitif.

[118] *L'Homme et son devenir selon le Vêdânta*, p. 108. - Le traité *De Angelis* de saint Thomas d'Aquin est particulièrement caractéristique à cet égard.

[119] *L'Ésotérisme de Dante*, pp. 10 et 58-61.

[120] *Le Symbolisme de la Croix*, pp. 182-183.

peuvent être propres à d'autres êtres, de la même façon qu'il en est qui sont propres à l'être humain (en tant que son état individuel est pris pour point de départ et pour base de la réalisation) ; mais ces modes qui nous sont étrangers ne nous importent pas plus que ne nous importent toutes les formes que nous ne serons jamais appelés à réaliser (comme les formes animales, végétales et minérales du monde corporel), parce qu'elles sont réalisées aussi par d'autres êtres dans l'ordre de la manifestation universelle, dont l'indéfinité exclut toute répétition[121].

Il résulte de ce que nous venons de dire que, par « hiérarchies spirituelles », nous ne pouvons entendre proprement rien d'autre que l'ensemble des états de l'être qui sont supérieurs à l'individualité humaine, et plus spécialement des états informels ou supra-individuels, états que nous devons d'ailleurs regarder comme réalisables pour l'être à partir de l'état humain, et cela même au cours de son existence corporelle et terrestre. En effet, cette réalisation est essentiellement impliquée dans la totalisation de l'être, donc dans la « Délivrance » (*Moksha* ou *Mukti*), par laquelle l'être est affranchi des liens de toute condition spéciale d'existence, et qui, n'étant pas susceptible de différents degrés, est aussi complète et aussi parfaite lorsqu'elle est obtenue comme « libération dans la vie » (*jîvan-mukti*) que comme « libération hors de la forme » (*vidêha-mukti*), ainsi que nous

---

[121] Cf. *ibid.*, pp. 125-127.

avons eu l'occasion de l'exposer ailleurs[122]. Aussi ne peut-il y avoir aucun degré spirituel qui soit supérieur à celui du *Yogî*, car celui-ci, étant parvenu à cette « Délivrance », qui est en même temps l'« Union » (*Yoga*) ou l'« Identité Suprême », n'a plus rien à obtenir ultérieurement ; mais, si le but à atteindre est le même pour tous les êtres, il est bien entendu que chacun l'atteint suivant sa « voie personnelle », donc par des modalités susceptibles de variations indéfinies. On comprend par suite qu'il y ait, au cours de cette réalisation, des étapes multiples et diverses, qui peuvent être d'ailleurs parcourues successivement ou simultanément suivant les cas, et qui, se référant encore à des états déterminés, ne doivent aucunement être confondues avec la libération totale qui en est la fin ou l'aboutissement suprême[123] : ce sont là autant de degrés qu'on peut envisager dans les « hiérarchies spirituelles », quelle que soit du reste la classification plus ou moins générale qu'on établira, s'il y a lieu, dans l'indéfinité de leurs modalités possibles, et qui dépendra naturellement du point de vue auquel on entendra se placer plus particulièrement[124].

Il y a ici une remarque essentielle à faire : les degrés dont nous parlons, représentant des états qui sont encore

---

[122] *L'Homme et son devenir selon le Vêdânta*, ch. XXIV.

[123] Cf. *ibid.*, ch. XXII et XXIII.

[124] Ces « hiérarchies spirituelles », en tant que les divers états qu'elles comportent sont réalisés par l'obtention d'autant de degrés initiatiques effectifs, correspondent à ce que l'ésotérisme islamique appelle les « catégories de l'initiation » (*Tartîbut-taçawwuf*) ; nous signalerons spécialement, sur ce sujet, le traité de Mohyiddin ibn Arabi qui porte précisément ce titre.

contingents et conditionnés, n'importent pas métaphysiquement par eux-mêmes, mais seulement en vue du but unique auquel ils tendent tous, précisément en tant qu'on les regarde comme des degrés, et dont ils constituent seulement comme une préparation. Il n'y a d'ailleurs aucune commune mesure entre un état particulier quelconque, si élevé qu'il puisse être, et l'état total et inconditionné ; et il ne faut jamais perdre de vue que, au regard de l'Infini, la manifestation tout entière étant rigoureusement nulle, les différences entre les états qui en font partie doivent évidemment l'être aussi, quelque considérables qu'elles soient en elles-mêmes et tant qu'on envisage seulement les divers états conditionnés qu'elles séparent les uns des autres. Si le passage à certains états supérieurs constitue en quelque façon, relativement à l'état pris pour point de départ, une sorte d'acheminement vers la « Délivrance », il doit cependant être bien entendu que celle-ci, lorsqu'elle sera réalisée, impliquera toujours une discontinuité par rapport à l'état dans lequel se trouvera actuellement l'être qui l'obtiendra, et que, quel que soit cet état, cette discontinuité n'en sera ni plus ni moins profonde, puisque, dans tous les cas, il n'y a, entre l'état de l'être « non-délivré » et celui de l'être « délivré », aucun rapport comme il en existe entre différents états conditionnés[125].

En raison même de l'équivalence de tous les états vis-à-vis de l'Absolu, dès lors que le but final est atteint dans l'un ou

---

[125] Voir *L'Homme et son devenir selon le Vêdânta*, pp. 199-201.

l'autre des degrés dont il s'agit, l'être n'a aucunement besoin de les avoir tous parcourus préalablement, et d'ailleurs il les possède tous dès lors « par surcroît », pour ainsi dire, puisque ce sont là des éléments intégrants de sa totalisation. D'autre part, l'être qui possède ainsi tous les états pourra toujours évidemment, s'il y a lieu, être envisagé plus particulièrement par rapport à l'un quelconque de ces états et comme s'il y était « situé » effectivement, quoiqu'il soit véritablement au-delà de tous les états et qu'il les contienne tous en lui-même, loin de pouvoir être contenu dans aucun d'eux. On pourrait dire que, en pareil cas, ce seront là simplement des aspects divers qui constitueront en quelque sorte autant de « fonctions » de cet être, sans que celui-ci soit aucunement affecté par leurs conditions, qui n'existent plus pour lui qu'en mode illusoire, puisque, en tant qu'il est vraiment « soi », son état est essentiellement inconditionné. C'est ainsi que l'apparence formelle, voire même corporelle, peut subsister pour l'être qui est « délivré dans la vie » (*jîvan-mukta*), et qui, « pendant sa résidence dans le corps, n'est pas affecté par ses propriétés, comme le firmament n'est pas affecté par ce qui flotte dans son sein »[126] ; et il demeure de même « non-affecté » par toutes les autres contingences, quel que soit l'état, individuel ou supra-individuel, c'est-à-dire formel ou informel, auquel elles se réfèrent dans l'ordre de la manifestation, qui, au fond, n'est lui-même que la somme de toutes les contingences.

---

[126] *Âtmâ-Bodha* de Shankarâchârya (voir *ibid.*, p. 239).

CHAPITRE XIV

RÉPONSE AUX OBJECTIONS TIRÉES DE LA PLURALITÉ DES ÊTRES

Dans ce qui précède, il est un point qui pourrait encore prêter à une objection, bien que, à vrai dire, nous y ayons déjà répondu en partie, au moins implicitement, par ce que nous venons d'exposer à propos des « hiérarchies spirituelles ». Cette objection est la suivante : étant donné qu'il existe une indéfinité de modalités qui sont réalisées par des êtres différents, est-il vraiment légitime de parler de totalité pour chaque être ? On peut répondre à cela, tout d'abord, en faisant remarquer que l'objection ainsi posée ne s'applique évidemment qu'aux états manifestés, puisque, dans le non-manifesté, il ne saurait être question d'aucune espèce de distinction réelle, de telle sorte que, au point de vue de ces états de non-manifestation, ce qui appartient à un être appartient également à tous, en tant qu'ils ont effectivement réalisé ces états. Or, si l'on considère de ce même point de vue tout l'ensemble de la manifestation, il ne constitue, en raison de sa contingence, qu'un simple « accident » au sens propre du mot, et, par suite, l'importance de telle ou telle de ses modalités, considérée en elle-même et « distinctivement », est alors rigoureusement nulle. De plus, comme le non-manifesté contient en principe tout ce qui fait la réalité profonde et essentielle des choses qui existent sous un mode quelconque de la manifestation, ce sans quoi le manifesté n'aurait qu'une existence purement illusoire, on peut dire que l'être qui est parvenu effectivement à l'état de non-manifestation possède par là même tout le reste, et qu'il le possède véritablement « par surcroît », de la même façon que, comme nous le disions au chapitre précédent, il possède tous les états ou degrés intermédiaires, même sans les avoir parcourus préalablement et distinctement.

Cette réponse, dans laquelle nous n'envisageons que l'être qui est parvenu à la réalisation totale, est pleinement suffisante au point de vue purement métaphysique, et elle est même la seule qui puisse être vraiment suffisante, car, si nous n'envisagions pas l'être de cette façon, si nous nous placions dans tout autre cas que celui-là, il n'y aurait plus lieu de parler de totalité, de sorte que l'objection même ne s'appliquerait plus. Ce qu'il faut dire, en somme, aussi bien ici que quand il s'agit des objections qui peuvent être posées concernant l'existence de la multiplicité, c'est que le manifesté, considéré comme tel, c'est-à-dire sous l'aspect de la distinction qui le conditionne, n'est rien au regard du non-manifesté, car il ne peut y avoir aucune commune mesure entre l'un et l'autre ; ce qui est absolument réel (tout le reste n'étant qu'illusoire, au sens d'une réalité qui n'est que dérivée et comme « participée »), c'est, même pour les possibilités qui comportent la manifestation, l'état permanent et inconditionné sous lequel elles appartiennent, principiellement et fondamentalement, à l'ordre de la non-manifestation.

Cependant, bien que ceci soit suffisant, nous traiterons encore maintenant un autre aspect de la question, dans lequel nous considérerons l'être comme ayant réalisé, non plus la totalité du « Soi » inconditionné, mais seulement l'intégralité d'un certain état. Dans ce cas, l'objection précédente doit prendre une nouvelle forme : comment est-il possible d'envisager cette intégralité pour un seul être, alors que l'état dont il s'agit constitue un domaine qui lui est commun avec une indéfinité d'autres êtres, en tant que ceux-ci sont également soumis aux conditions qui caractérisent et déterminent cet état ou ce mode d'existence ? Ce n'est plus la même objection, mais seulement une objection analogue, toutes proportions gardées entre les deux cas, et la réponse doit être aussi analogue : pour l'être qui est parvenu à se placer effectivement au point de vue central de l'état considéré, ce qui est la seule façon possible d'en réaliser l'intégralité, tous les autres points de vue, plus ou moins particuliers, n'importent plus en tant qu'ils sont pris distinctement, puisqu'il les a tous unifiés dans ce point de vue central ; c'est donc dans l'unité de celui-ci qu'ils existent dès lors pour lui, et non plus en dehors de cette unité, puisque l'existence de la multiplicité hors de l'unité est purement illusoire. L'être qui a réalisé l'intégralité d'un état s'est fait lui-même le centre de cet état, et, comme tel, on peut dire qu'il remplit cet état tout entier de sa propre irradiation[127] : il s'assimile tout ce qui y est contenu, de façon à en faire comme autant de modalités secondaires de lui-même[128], à peu près comparables à ce que sont les modalités qui se réalisent dans l'état de rêve, suivant ce qui a été dit plus haut. Par conséquent, cet être n'est aucunement affecté, dans son extension, par l'existence que ces modalités, ou du moins certaines d'entre elles, peuvent avoir par ailleurs en dehors de lui-même (cette expression « en dehors » n'ayant du reste plus de sens à son propre point de vue, mais seulement au point de vue des autres êtres, demeurés dans la multiplicité non unifiée), en raison de l'existence simultanée d'autres êtres dans le même état ; et, d'autre part, l'existence de ces mêmes modalités en lui-même n'affecte en rien son unité, même en tant qu'il ne s'agit que de l'unité encore relative qui est réalisée au centre d'un état particulier. Tout cet état n'est constitué que par l'irradiation de son centre[129], et tout être qui se place effectivement à ce centre devient également, par là même, maître de l'intégralité de cet état ; c'est ainsi que l'indifférenciation principielle du non-manifesté se reflète dans le manifesté, et il doit être bien entendu, d'ailleurs, que ce reflet, étant dans le manifesté, garde toujours par là même la relativité qui est inhérente à toute existence conditionnée.

---

[127] Cf. *L'Homme et son devenir selon le Vêdânta*, ch. XVII.

[128] Le symbole de la « nourriture » (*anna*) est fréquemment employé dans les Upanishads pour désigner une telle assimilation.

[129] Ceci a été amplement expliqué dans notre précédente étude sur *Le Symbolisme de la Croix*.

Cela étant établi, on comprendra sans peine que des considérations analogues puissent s'appliquer aux modalités comprises, à des titres divers, dans une unité encore plus relative, comme celle d'un être qui n'a réalisé un certain état que partiellement, et non intégralement. Un tel être, comme l'individu humain par exemple, sans être encore parvenu à son entier épanouissement dans le sens de l'« ampleur » (correspondant au degré d'existence dans lequel il est situé), s'est cependant assimilé, dans une mesure plus ou moins complète, tout ce dont il a véritablement pris conscience dans les limites de son extension actuelle ; et les modalités accessoires qu'il s'est ainsi adjointes, et qui sont évidemment susceptibles de s'accroître constamment et indéfiniment, constituent une part très importante de ces prolongements de l'individualité auxquels nous avons déjà fait allusion à différentes reprises.

CHAPITRE XV

LA RÉALISATION DE L'ÊTRE PAR LA CONNAISSANCE

Nous venons de dire que l'être s'assimile plus ou moins complètement tout ce dont il prend conscience ; en effet, il n'y a de connaissance véritable, dans quelque domaine que ce soit, que celle qui nous permet de pénétrer plus ou moins profondément dans la nature intime des choses, et les degrés de la connaissance ne peuvent consister précisément qu'en ce que cette pénétration est plus ou moins profonde et aboutit à une assimilation plus ou moins complète. En d'autres termes, il n'y a de connaissance véritable qu'autant qu'elle implique une identification du sujet avec l'objet, ou, si l'on préfère considérer le rapport en sens inverse, une assimilation de l'objet par le sujet[130], et dans la mesure précise où elle implique effectivement une telle identification ou une telle assimilation, dont les degrés de réalisation constituent, par conséquent, les degrés de la connaissance elle-même[131]. Nous

---

[130] Il doit être bien entendu que nous prenons ici les termes de « sujet » et d'« objet » dans leur sens le plus habituel, pour désigner respectivement « celui qui connait » et « ce qui est connu » (voir *L'Homme et son devenir selon le Vêdânta*, p. 152).

[131] Nous avons déjà signalé en différentes occasions qu'Aristote avait posé en principe

devons donc maintenir, en dépit de toutes les discussions philosophiques, d'ailleurs plus ou moins oiseuses, auxquelles ce point a pu donner lieu[132], que toute connaissance véritable et effective est immédiate, et qu'une connaissance médiate ne peut avoir qu'une valeur purement symbolique et représentative [133]. Quant à la possibilité même de la connaissance immédiate, la théorie tout entière des états multiples la rend suffisamment compréhensible ; d'ailleurs, vouloir la mettre en doute, c'est faire preuve d'une parfaite ignorance à l'égard des principes métaphysiques les plus élémentaires, puisque, sans cette connaissance immédiate, la métaphysique elle-même serait totalement impossible[134].

Nous avons parlé d'identification ou d'assimilation, et nous pouvons employer ici ces deux termes à peu près indifféremment, bien qu'ils ne se rapportent pas exactement au même point de vue ; de la même façon, on peut regarder la connaissance comme allant à la fois du sujet à l'objet dont il prend conscience (ou, plus généralement et pour ne pas

---

l'identification par la connaissance, mais que cette affirmation, chez lui et chez ses continuateurs scolastiques, semblait être restée purement théorique, sans qu'ils en aient jamais tiré aucune conséquence en ce qui concerne la réalisation métaphysique (voir notamment *Introduction générale à l'étude des doctrines hindoues*, p. 157, et *L'Homme et son devenir selon le Vêdânta*, p. 252).

[132] Nous faisons allusion ici aux modernes « théories de la connaissance » sur la vanité desquelles nous nous sommes déjà expliqué ailleurs (*Introduction générale à l'étude des doctrines hindoues*, p. 156) ; nous y reviendrons d'ailleurs un peu plus loin.

[133] Cette différence est celle de la connaissance intuitive et de la connaissance discursive, dont nous avons déjà parlé assez souvent pour qu'il ne soit pas nécessaire de nous attarder une fois de plus.

[134] Voir *ibid.*, pp. 102-104.

nous limiter aux conditions de certains états, dont il fait une modalité secondaire de lui-même) et de l'objet au sujet qui se l'assimile, et nous rappellerons à ce propos la définition aristotélicienne de la connaissance, dans le domaine sensible, comme « l'acte commun du sentant et du senti », qui implique effectivement une telle réciprocité de relation [135].

Ainsi, en ce qui concerne ce domaine sensible ou corporel, les organes des sens sont, pour l'être individuel, les « entrées » de la connaissance [136] ; mais, à un autre point de vue, ils sont aussi des « sorties », précisément en ce que toute connaissance implique un acte d'identification partant du sujet connaissant pour aller vers l'objet connu (ou plutôt à connaître), ce qui est, pour l'être individuel, comme l'émission d'une sorte de prolongement extérieur de lui-même. Il importe de remarquer, d'ailleurs, qu'un tel prolongement n'est extérieur que par rapport à l'individualité envisagée dans sa notion la plus restreinte, puisqu'il fait partie intégrante de l'individualité étendue ; l'être, en s'étendant ainsi par un développement de ses propres possibilités, n'a aucunement à sortir de lui-même, ce qui, en réalité, n'aurait même aucun sens, car un être ne peut, sous aucune condition, devenir autre que lui-même. Ceci répond directement, en même temps, à la principale objection des philosophes occidentaux modernes

---

[135] On peut remarquer aussi que l'acte commun à deux êtres, suivant le sens qu'Aristote donne au mot « acte », c'est ce par quoi leurs natures coïncident, donc s'identifient au moins partiellement.

[136] Voir *L'Homme et son devenir selon le Vêdânta*, p. 133 ; le symbolisme des « bouches » de *Vaishwânara* se rapporte à l'analogie de l'assimilation cognitive avec l'assimilation nutritive.

contre la possibilité de la connaissance immédiate ; on voit nettement par là que ce qui a donné naissance à cette objection n'est rien d'autre qu'une incompréhension métaphysique pure et simple, en raison de laquelle ces philosophes ont méconnu les possibilités de l'être, même individuel, dans son extension indéfinie.

Tout ceci est vrai « a fortiori » si, sortant des limites de l'individualité, nous l'appliquons aux états supérieurs : la connaissance véritable de ces états implique leur possession effective, et, inversement, c'est par cette connaissance même que l'être en prend possession, car ces deux actes sont inséparables l'un de l'autre, et nous pourrions même dire qu'au fond ils ne sont qu'un. Naturellement, ceci ne doit s'entendre que de la connaissance immédiate, qui, lorsqu'elle s'étend à la totalité des états, comporte en elle-même leur réalisation, et qui est, par suite, « le seul moyen d'obtenir la Délivrance complète et finale »[137]. Quant à la connaissance qui est restée purement théorique, il est évident qu'elle ne saurait nullement équivaloir à une telle réalisation, et, n'étant pas une saisie immédiate de son objet, elle ne peut avoir, comme nous l'avons déjà dit, qu'une valeur toute symbolique ; mais elle n'en constitue pas moins une préparation indispensable à l'acquisition de cette connaissance effective par laquelle, et par laquelle seule, s'opère la réalisation de l'être total.

---

[137] *Atmâ-Bodha* de Shankarâchârya (voir *ibid.*, p. 231).

Nous devons insister particulièrement, chaque fois que l'occasion s'en présente à nous, sur cette réalisation de l'être par la connaissance, car elle est tout à fait étrangère aux conceptions occidentales modernes, qui ne vont pas au-delà de la connaissance théorique, ou plus exactement d'une faible partie de celle-ci, et qui opposent artificiellement le « connaître » à l'« être », comme si ce n'étaient pas là les deux faces inséparables d'une seule et même réalité[138] ; il ne peut pas y avoir de métaphysique véritable pour quiconque ne comprend pas vraiment que l'être se réalise par la connaissance, et qu'il ne peut se réaliser que de cette façon. La doctrine métaphysique pure n'a pas à se préoccuper, si peu que ce soit, de toutes les « théories de la connaissance » qu'élabore si péniblement la philosophie moderne ; on peut même voir, dans ces essais de substitution d'une « théorie de la connaissance » à la connaissance elle-même, un véritable aveu d'impuissance, quoique assurément inconscient, de la part de cette philosophie, si complètement ignorante de toute possibilité de réalisation effective. En outre, la connaissance vraie, étant immédiate comme nous l'avons dit, peut être plus ou moins complète, plus ou moins profonde, plus ou moins adéquate, mais ne peut pas être essentiellement « relative » comme le voudrait cette même philosophie, ou du moins elle ne l'est qu'autant que ses objets sont eux-mêmes relatifs. En d'autres termes, la connaissance relative, métaphysiquement parlant, n'est pas autre chose que la connaissance du relatif ou du contingent, c'est-à-dire celle qui s'applique au

---

[138] Voir encore *Introduction générale à l'étude des doctrines hindoues*, pp. 156-157.

manifesté ; mais la valeur de cette connaissance, à l'intérieur de son domaine propre, est aussi grande que le permet la nature de ce domaine[139], et ce n'est pas ainsi que l'entendent ceux qui parlent de « relativité de la connaissance ». À part la considération des degrés d'une connaissance plus ou moins complète et profonde, degrés qui ne changent rien à sa nature essentielle, la seule distinction que nous puissions faire légitimement, quant à la valeur de la connaissance, est celle que nous avons déjà indiquée entre la connaissance immédiate et la connaissance médiate, c'est-à-dire entre la connaissance effective et la connaissance symbolique.

---

[139] Cela s'applique même à la simple connaissance sensible, qui est aussi, dans l'ordre inférieur et limité qui est le sien, une connaissance immédiate, donc nécessairement vraie.

CHAPITRE XVI

CONNAISSANCE ET CONSCIENCE

Une conséquence très importante de ce qui a été dit jusqu'ici, c'est que la connaissance, entendue absolument et dans toute son universalité, n'a aucunement pour synonyme ou pour équivalent la conscience, dont le domaine est seulement coextensif à celui de certains états d'être déterminés, de sorte que ce n'est que dans ces états, à l'exclusion de tous les autres, que la connaissance se réalise par le moyen de ce qu'on peut appeler proprement une « prise de conscience ». La conscience, telle que nous l'avons entendue précédemment, même dans sa plus grande généralité et sans la restreindre à sa forme spécifiquement humaine, n'est qu'un mode contingent et spécial de connaissance sous certaines conditions, une propriété inhérente à l'être envisagé dans certains états de manifestation ; à plus forte raison ne saurait-il en être question à aucun degré pour les états inconditionnés, c'est-à-dire pour tout ce qui dépasse l'Être, puisqu'elle n'est même pas applicable à tout l'Être. Au contraire, la connaissance, considérée en soi et indépendamment des conditions afférentes à quelque état particulier, ne peut admettre aucune restriction, et, pour être adéquate à la vérité totale, elle doit être coextensive, non pas seulement à l'Être, mais à la Possibilité universelle elle-même, donc être infinie comme celle-ci l'est nécessairement. Ceci revient à dire que connaissance et vérité, ainsi envisagées métaphysiquement, ne sont pas autre chose au fond que ce que nous avons appelé, d'une expression d'ailleurs fort imparfaite, des « aspects de l'Infini » ; et c'est ce qu'affirme avec une particulière netteté cette formule qui est une des énonciations fondamentales du *Vêdânta* : « *Brahma* est la Vérité, la Connaissance, l'Infini » (*Satyam Jnânam Anantam Brahma*)[140].

Lorsque nous avons dit que le « connaître » et l'« être » sont les deux faces d'une même réalité, il ne faut donc prendre le terme « être » que dans son sens analogique et symbolique, puisque la connaissance va plus loin que l'être ; il en est ici comme dans les cas où nous parlons de la réalisation de l'être total, cette réalisation impliquant essentiellement la connaissance totale et absolue, et n'étant nullement distincte de cette connaissance même, en tant qu'il s'agit, bien entendu, de la connaissance effective, et non pas d'une simple connaissance théorique et représentative. Et c'est ici le lieu de préciser un peu, d'autre part, la façon dont il faut entendre l'identité métaphysique du possible et du réel : puisque tout possible est réalisé par la connaissance, cette identité, prise universellement, constitue proprement la vérité en soi, car celle-ci peut être conçue précisément comme l'adéquation

---

[140] *Taittirîyaka Upanishad*, 2ème Vallî, 1er Anuvâka, shloka 1.

parfaite de la connaissance à la Possibilité totale[141]. On voit sans peine toutes les conséquences que l'on peut tirer de cette dernière remarque, dont la portée est immensément plus grande que celle d'une définition simplement logique de la vérité, car il y a là toute la différence de l'intellect universel et inconditionné[142] à l'entendement humain avec ses conditions individuelles, et aussi, d'un autre côté, toute la différence qui sépare le point de vue de la réalisation de celui d'une « théorie de la connaissance ». Le mot « réel » lui-même, habituellement fort vague, voire même équivoque, et qui l'est forcément pour les philosophes qui maintiennent la prétendue distinction du possible et du réel, prend par là une tout autre valeur métaphysique, en se trouvant rapporté à ce point de vue de la réalisation[143], ou, pour parler d'une façon plus précise, en devenant une expression de la permanence absolue, dans l'Universel, de tout ce dont un être atteint la possession effective par la totale réalisation de soi-même[144].

---

[141] Cette formule s'accorde avec la définition que saint Thomas d'Aquin donne de la vérité comme *adæquatio rei et intellectus* ; mais elle en est en quelque sorte une transposition, parce qu'il y a lieu de tenir compte de cette différence capitale, que la doctrine scolastique se renferme exclusivement dans l'Être, tandis que ce que nous disons ici s'applique également à tout ce qui est au-delà de l'Être.

[142] Ici, le terme « intellect » est aussi transposé au-delà de l'Être, donc à plus forte raison au-delà de *Buddhi*, qui, quoique d'ordre universel et informel, appartient encore au domaine de la manifestation, et par conséquent ne peut être dite inconditionnée.

[143] On remarquera d'ailleurs l'étroite parenté, qui n'a rien de fortuit, entre les mots « réel » et « réalisation ».

[144] C'est cette même permanence qu'on exprime d'une autre façon, dans le langage théologique occidental, lorsqu'on dit que les possibles sont éternellement dans l'entendement divin.

L'intellect, en tant que principe universel, pourrait être conçu comme le contenant de la connaissance totale, mais à la condition de ne voir là qu'une simple façon de parler, car, ici ou nous sommes essentiellement dans la « non-dualité », le contenant et le contenu sont absolument identiques, l'un et l'autre devant être également infinis, et une « pluralité d'infinis » étant, comme nous l'avons déjà dit, une impossibilité. La Possibilité universelle, qui comprend tout, ne peut être comprise par rien, si ce n'est par elle-même, et elle se comprend elle-même « sans toutefois que cette compréhension existe d'une façon quelconque »[145] ; aussi ne peut-on parler corrélativement de l'intellect et de la connaissance, au sens universel, que comme nous avons parlé plus haut de l'Infini et de la Possibilité, c'est-à-dire en y voyant une seule et même chose, que nous envisageons simultanément sous un aspect actif et sous un aspect passif, mais sans qu'il y ait là aucune distinction réelle. Nous ne devons pas distinguer, dans l'Universel, intellect et connaissance, ni, par suite, intelligible et connaissable : la connaissance véritable étant immédiate, l'intellect ne fait rigoureusement qu'un avec son objet ; ce n'est que dans les modes conditionnés de la connaissance, modes toujours indirects et inadéquats, qu'il y a lieu d'établir une distinction, cette connaissance relative s'opérant, non pas par l'intellect lui-même, mais par une réfraction de l'intellect dans les états d'être considérés, et, comme nous l'avons vu, c'est une telle

---

[145] Risâlatul-Ahadiyah de Mohyiddin ibn Arabi (cf. *L'Homme et son devenir selon le Vêdânta*, p. 163).

réfraction qui constitue la conscience individuelle ; mais, directement ou indirectement, il y a toujours participation à l'intellect universel dans la mesure où il y a connaissance effective, soit sous un mode quelconque, soit en dehors de tout mode spécial.

La connaissance totale étant adéquate à la Possibilité universelle, il n'y a rien qui soit inconnaissable[146], ou, en d'autres termes, « il n'y a pas de choses inintelligibles, il y a seulement des choses actuellement incompréhensibles »[147], c'est-à-dire inconcevables, non point en elles-mêmes et absolument, mais seulement pour nous en tant qu'êtres conditionnés, c'est-à-dire limités, dans notre manifestation actuelle, aux possibilités d'un état déterminé. Nous posons ainsi ce qu'on peut appeler un principe d'« universelle intelligibilité », non pas comme on l'entend d'ordinaire, mais en un sens purement métaphysique, donc au-delà du domaine logique, où ce principe, comme tous ceux qui sont d'ordre proprement universel (et qui seuls méritent vraiment d'être appelés principes), ne trouvera qu'une application particulière et contingente. Bien entendu, ceci ne postule

---

[146] Nous rejetons donc formellement et absolument tout « agnosticisme », à quelque degré que ce soit ; on pourrait d'ailleurs demander aux « positivistes », ainsi qu'aux partisans de la fameuse théorie de l'« Inconnaissable » d'Herbert Spencer, ce qui les autorise à affirmer qu'il y a des choses qui ne peuvent pas être connues, et cette question risquerait fort de demeurer sans réponse, d'autant plus que certains semblent bien, en fait, confondre purement et simplement « inconnu » (c'est-a-dire en définitive ce qui leur est inconnu à eux-mêmes) et « inconnaissable » (voir *Orient et Occident*, p. 49, et *La Crise du Monde moderne*, p. 175).

[147] Matgioi, *La Voie Métaphysique*, p. 86.

pour nous aucun « rationalisme », tout au contraire, puisque la raison, essentiellement différente de l'intellect (sans la garantie duquel elle ne saurait d'ailleurs être valable), n'est rien de plus qu'une faculté spécifiquement humaine et individuelle ; il y a donc nécessairement, nous ne disons pas de l'« irrationnel »[148], mais du « supra-rationnel », et c'est là, en effet, un caractère fondamental de tout ce qui est véritablement d'ordre métaphysique : ce « supra-rationnel » ne cesse pas pour cela d'être intelligible en soi, même s'il n'est pas actuellement compréhensible pour les facultés limitées et relatives de l'individualité humaine[149].

Ceci entraîne encore une autre observation dont il y a lieu de tenir compte pour ne commettre aucune méprise : comme le mot « raison », le mot « conscience » peut être parfois universalisé, par une transposition purement analogique, et nous l'avons fait nous-même ailleurs pour rendre la signification du terme sanscrit *Chit* [150] ; mais une telle transposition n'est possible que lorsqu'on se limite à l'Être, comme c'était le cas alors pour la considération du ternaire *Sachchidânanda*. Cependant, on doit bien comprendre que, même avec cette restriction, la conscience ainsi transposée n'est plus aucunement entendue dans son sens propre, tel que

---

[148] Ce qui dépasse la raison, en effet, n'est pas pour cela contraire à la raison, ce qui est le sens donné généralement au mot « irrationnel ».

[149] Rappelons à ce propos qu'un « mystère », même entendu dans sa conception théologique, n'est nullement quelque chose d'inconnaissable ou d'inintelligible, mais bien, suivant le sens étymologique du mot, et comme nous l'avons dit plus haut, quelque chose qui est inexprimable, donc incommunicable, ce qui est tout différent.

[150] *L'Homme et son devenir selon le Vêdânta*, pp. 151-152.

nous l'avons précédemment défini, et tel que nous le lui conservons d'une façon générale : dans ce sens, elle n'est, nous le répétons, que le mode spécial d'une connaissance contingente et relative, comme est relatif et contingent l'état d'être conditionné auquel elle appartient essentiellement ; et, si l'on peut dire qu'elle est une « raison d'être » pour un tel état, ce n'est qu'en tant qu'elle est une participation, par réfraction, à la nature de cet intellect universel et transcendant qui est lui-même, finalement et éminemment, la suprême « raison d'être » de toutes choses, la véritable « raison suffisante » métaphysique qui se détermine elle-même dans tous les ordres de possibilités sans qu'aucune de ces déterminations puisse l'affecter en quoi que ce soit. Cette conception de la « raison suffisante », fort différente des conceptions philosophiques ou théologiques où s'enferme la pensée occidentale, résout d'ailleurs immédiatement bien des questions devant lesquelles celle-ci doit s'avouer impuissante, et cela en opérant la conciliation du point de vue de la nécessité et de celui de la contingence ; nous sommes ici, en effet, bien au-delà de l'opposition de la nécessité et de la contingence entendues dans leur acception ordinaire[151] ; mais quelques éclaircissements complémentaires ne seront peut-être pas inutiles pour faire comprendre pourquoi la question

---

[151] Disons d'ailleurs que la théologie, bien supérieure en cela à la philosophie, reconnaît du moins que cette opposition peut et doit être dépassée, alors même que sa résolution ne lui apparaît pas avec l'évidence qu'elle présente lorsqu'on l'envisage du point de vue métaphysique. Il faut ajouter que c'est surtout au point de vue théologique, et en raison de la conception religieuse de la « création », que cette question des rapports de la nécessité et de la contingence a revêtu tout d'abord l'importance qu'elle a gardée ensuite philosophiquement dans la pensée occidentale.

n'a pas à se poser en métaphysique pure.

CHAPITRE XVII

NECESSITÉ ET CONTINGENCE

Toute possibilité de manifestation, avons-nous dit plus haut, doit se manifester par là même qu'elle est ce qu'elle est, c'est-à-dire une possibilité de manifestation, de telle sorte que la manifestation est nécessairement impliquée en principe par la nature même de certaines possibilités. Ainsi, la manifestation, qui est purement contingente en tant que telle, n'en est pas moins nécessaire dans son principe, de même que, transitoire en elle-même, elle possède cependant une racine absolument permanente dans la Possibilité universelle ; et c'est là, d'ailleurs, ce qui fait toute sa réalité. S'il en était autrement, la manifestation ne saurait avoir qu'une existence tout illusoire, et même on pourrait la regarder comme rigoureusement inexistante, puisque, étant sans principe, elle ne garderait qu'un caractère essentiellement « privatif », comme peut l'être celui d'une négation ou d'une limitation considérée en elle-même ; et la manifestation, envisagée de cette façon, ne serait en effet rien de plus que l'ensemble de toutes les conditions limitatives possibles. Seulement, dès lors que ces conditions sont possibles, elles sont métaphysiquement réelles, et cette réalité, qui n'était que négative lorsqu'on les concevait comme simples limitations, devient positive, en quelque sorte, lorsqu'on les envisage en tant que possibilités. C'est donc parce que la manifestation est impliquée dans l'ordre des possibilités qu'elle a sa réalité propre, sans que cette réalité puisse en aucune façon être indépendante de cet ordre universel, car c'est là, et là seulement, qu'elle a sa véritable « raison suffisante » : dire que la manifestation est nécessaire dans son principe, ce n'est pas autre chose, au fond, que de dire qu'elle est comprise dans la Possibilité universelle.

Il n'y a aucune difficulté à concevoir que la manifestation soit ainsi à la fois nécessaire et contingente sous des points de vue différents, pourvu que l'on fasse bien attention à ce point fondamental, que le principe ne peut être affecté par quelque détermination que ce soit, puisqu'il en est essentiellement indépendant, comme la cause l'est de ses effets, de sorte que la manifestation, nécessitée par son principe, ne saurait inversement le nécessiter en aucune façon. C'est donc l'« irréversibilité » ou l'« irréciprocité » de la relation que nous envisageons ici qui résout toute la difficulté ordinairement supposée en cette question[152], difficulté qui n'existe en somme que parce qu'on perd de vue cette « irréciprocité » ; et, si on la perd de vue (à supposer qu'on l'ait jamais entrevue à quelque degré), c'est que, par le fait qu'on se trouve actuellement placé dans la manifestation, on est naturellement amené à attribuer à celle-ci une importance

---

[152] C'est cette même « irréciprocité » qui exclut également tout « panthéisme » et tout « immanentisme », ainsi que nous l'avons déjà fait remarquer ailleurs (*L'Homme et son devenir selon le Vêdânta*, pp. 254-255).

que, du point de vue universel, elle ne saurait aucunement avoir. Pour mieux faire comprendre notre pensée à cet égard, nous pouvons prendre ici encore un symbole spatial, et dire que la manifestation, dans son intégralité, est véritablement nulle au regard de l'Infini, de même (sauf les réserves qu'exige toujours l'imperfection de telles comparaisons) qu'un point situé dans l'espace est égal à zéro par rapport à cet espace[153] ; cela ne veut pas dire que ce point ne soit rien absolument (d'autant plus qu'il existe nécessairement par là même que l'espace existe), mais il n'est rien sous le rapport de l'étendue, il est rigoureusement un zéro d'étendue ; et la manifestation n'est rien de plus, par rapport au Tout universel, que ce qu'est ce point par rapport à l'espace envisagé dans toute l'indéfinité de son extension, et encore avec cette différence que l'espace est quelque chose de limité par sa propre nature, tandis que le Tout universel est l'Infini.

Nous devons indiquer ici une autre difficulté, mais qui réside beaucoup plus dans l'expression que dans la conception même : tout ce qui existe en mode transitoire dans la manifestation doit être transposé en mode permanent dans le non-manifesté ; la manifestation elle-même acquiert ainsi la permanence qui fait toute sa réalité principielle, mais ce n'est plus la manifestation en tant que telle, c'est l'ensemble des possibilités de manifestation en tant qu'elles ne se manifestent pas, tout en impliquant pourtant la manifestation

---

[153] Il s'agit ici, bien entendu, du point situé dans l'espace, et non du point principiel dont l'espace lui-même n'est qu'une expansion ou un développement. - Sur les rapports du point et de l'étendue, voir *Le Symbolisme de la Croix*, ch. XVI.

dans leur nature même, sans quoi elles seraient autres que ce qu'elles sont. La difficulté de cette transposition ou de ce passage du manifesté au non-manifesté, et l'obscurité apparente qui en résulte, sont celles que l'on rencontre également lorsqu'on veut exprimer, dans la mesure où ils sont exprimables, les rapports du temps, ou plus généralement de la durée sous tous ses modes (c'est-à-dire de toute condition d'existence successive), et de l'éternité ; et c'est au fond la même question, envisagée sous deux aspects assez peu différents, et dont le second est simplement plus particulier que le premier, puisqu'il ne se réfère qu'à une condition déterminée parmi toutes celles que comporte le manifesté. Tout cela, nous le répétons, est parfaitement concevable, mais il faut savoir y faire la part de l'inexprimable, comme d'ailleurs en tout ce qui appartient au domaine métaphysique ; pour ce qui est des moyens de réalisation d'une conception effective, et non pas seulement théorique, s'étendant à l'inexprimable même, nous ne pouvons évidemment en parler dans cette étude, les considérations de cet ordre ne rentrant pas dans le cadre que nous nous sommes présentement assigné.

Revenant à la contingence, nous pouvons, d'une façon générale, en donner la définition suivante : est contingent tout ce qui n'a pas en soi-même sa raison suffisante ; et ainsi l'on voit bien que toute chose contingente n'en est pas moins nécessaire, en ce sens qu'elle est nécessitée par sa raison suffisante, car, pour exister, elle doit en avoir une, mais qui n'est pas en elle, du moins en tant qu'on l'envisage sous la condition spéciale où elle a précisément ce caractère de contingence, qu'elle n'aurait plus si on l'envisageait dans son principe, puisqu'elle s'identifierait alors à sa raison suffisante elle-même. Tel est le cas de la manifestation, contingente comme telle, parce que son principe ou sa raison suffisante se trouve dans le non-manifesté, en tant que celui-ci comprend ce que nous pouvons appeler le « manifestable », c'est-à-dire les possibilités de manifestation comme possibilités pures (et non pas, cela va sans dire, en tant qu'il comprend le « non-manifestable » ou les possibilités de non-manifestation). Principe et raison suffisante sont donc au fond la même chose, mais il est particulièrement important de considérer le principe sous cet aspect de raison suffisante lorsqu'on veut comprendre dans son sens métaphysique la notion de la contingence ; et il faut encore préciser, pour éviter toute confusion, que la raison suffisante est exclusivement la raison d'être dernière d'une chose (dernière si l'on part de la considération de cette chose pour remonter vers le principe, mais, en réalité, première dans l'ordre d'enchaînement, tant logique qu'ontologique, allant du principe aux conséquences), et non pas simplement sa raison d'être immédiate, car tout ce qui est sous un mode quelconque, même contingent, doit avoir en soi-même sa raison d'être immédiate, entendue au sens où nous disions précédemment que la conscience constitue une raison d'être pour certains états de l'existence manifestée.

Une conséquence fort importante de ceci, c'est qu'on peut dire que tout être porte en lui-même sa destinée, soit d'une façon relative (destinée individuelle), s'il s'agit seulement de l'être envisagé à l'intérieur d'un certain état conditionné, soit d'une façon absolue, s'il s'agit de l'être dans sa totalité, car « le mot « destinée » désigne la véritable raison d'être des choses »[154]. Seulement, l'être conditionné ou relatif ne peut porter en lui qu'une destinée également relative, exclusivement afférente à ses conditions spéciales d'existence ; si, considérant l'être de cette façon, on voulait parler de sa destinée dernière ou absolue, celle-ci ne serait plus en lui, mais c'est qu'elle n'est pas vraiment la destinée de cet être contingent comme tel, puisqu'elle se réfère en réalité à l'être total. Cette remarque suffit pour montrer l'inanité de toutes les discussions qui se rapportent au « déterminisme »[155] : c'est encore là une de ces questions, si nombreuses dans la philosophie occidentale moderne, qui n'existent que parce qu'elles sont mal posées ; il y a d'ailleurs bien des conceptions différentes du déterminisme, et aussi bien des conceptions différentes de la liberté, dont la plupart n'ont rien de métaphysique ; aussi importe-t-il de préciser la véritable notion métaphysique de la liberté, et c'est par là que

---

[154] Commentaire traditionnel de Tcheng-tseu sur le *Yi-king* (cf. *Le Symbolisme de la Croix*, ch. XXII).

[155] On pourrait en dire autant d'une bonne partie des discussions relatives à la finalité ; c'est ainsi, notamment, que la distinction de la « finalité interne » et de la « finalité externe » ne peut paraître pleinement valable qu'autant qu'on admet la supposition antimétaphysique qu'un être individuel est un être complet et constitue un « système clos », puisque, autrement, ce qui est « externe » pour l'individu peut n'en être pas moins « interne » pour l'être véritable, si toutefois la distinction que suppose ce mot lui est encore applicable (voir *Le Symbolisme de la Croix*, pp. 204-206) ; et il est facile de se rendre compte que, au fond, finalité et destinée sont identiques.

nous terminerons la présente étude.

CHAPITRE XVIII

NOTION MÉTAPHYSIQUE DE LA LIBERTÉ

Pour prouver métaphysiquement la liberté, il suffit, sans s'embarrasser de tous les arguments philosophiques ordinaires, d'établir qu'elle est une possibilité, puisque le possible et le réel sont métaphysiquement identiques. Pour cela, nous pouvons d'abord définir la liberté comme l'absence de contrainte : définition négative dans la forme, mais qui, ici encore, est positive au fond, car c'est la contrainte qui est une limitation, c'est-à-dire une négation véritable. Or, quant à la Possibilité universelle envisagée au-delà de l'Être, c'est-à-dire comme le Non-Être, on ne peut pas parler d'unité, comme nous l'avons dit plus haut, puisque le Non-Être est le Zéro métaphysique, mais on peut du moins, en employant toujours la forme négative, parler de « non-dualité » (*adwaita*)[156]. Là où il n'y a pas de dualité, il n'y a nécessairement aucune contrainte, et cela suffit à prouver que la liberté est une possibilité, dès lors qu'elle résulte immédiatement de la « non-dualité », qui est

---

[156] Cf. *L'Homme et son devenir selon le Vêdânta*, p. 229.

évidemment exempte de toute contradiction.

Maintenant, on peut ajouter que la liberté est, non seulement une possibilité, au sens le plus universel, mais aussi une possibilité d'être ou de manifestation ; il suffit ici, pour passer du Non-Être à l'Être, de passer de la « non-dualité » à l'unité : l'Être est « un » (l'Un étant le Zéro affirmé), ou plutôt il est l'Unité métaphysique elle-même, première affirmation, mais aussi, par là même, première détermination[157]. Ce qui est un est manifestement exempt de toute contrainte, de sorte que l'absence de contrainte, c'est-à-dire la liberté, se retrouve dans le domaine de l'Être, où l'unité se présente en quelque sorte comme une spécification de la « non-dualité » principielle du Non-Être ; en d'autres termes, la liberté appartient aussi à l'Être, ce qui revient à dire qu'elle est une possibilité d'être, ou, suivant ce que nous avons expliqué précédemment, une possibilité de manifestation, puisque l'Être est avant tout le principe de la manifestation. De plus, dire que cette possibilité est essentiellement inhérente à l'Être comme conséquence immédiate de son unité, c'est dire qu'elle se manifestera, à un degré quelconque, dans tout ce qui procède de l'Être, c'est-à-dire dans tous les êtres particuliers, en tant qu'ils appartiennent au domaine de la manifestation universelle. Seulement, dès lors qu'il y a multiplicité, comme c'est le cas dans l'ordre des existences particulières, il est évident qu'il ne peut plus être question que de liberté relative ; et l'on peut envisager, à cet égard, soit la multiplicité des êtres

---

[157] Voir *ibid.* pp. 75-76.

particuliers eux-mêmes, soit celle des éléments constitutifs de chacun d'eux. En ce qui concerne la multiplicité des êtres, chacun d'eux, dans ses états de manifestation, est limité par les autres, et cette limitation peut se traduire par une restriction à la liberté ; mais dire qu'un être quelconque n'est libre à aucun degré, ce serait dire qu'il n'est pas lui-même, qu'il est « les autres », ou qu'il n'a pas en lui-même sa raison d'être, même immédiate, ce qui, au fond, reviendrait à dire qu'il n'est aucunement un être véritable[158]. D'autre part, puisque l'unité de l'Être est le principe de la liberté, dans les êtres particuliers aussi bien que dans l'Être universel, un être sera libre dans la mesure où il participera de cette unité ; en d'autres termes, il sera d'autant plus libre qu'il aura plus d'unité en lui-même, ou qu'il sera plus « un »[159] ; mais, comme nous l'avons déjà dit, les êtres individuels ne le sont jamais que relativement[160]. D'ailleurs, il importe de remarquer, à cet égard, que ce n'est pas précisément la plus ou moins grande complexité de la constitution d'un être qui le fait plus ou moins libre, mais bien plutôt le caractère de

---

[158] On peut encore faire remarquer que, dès lors que la multiplicité procède de l'unité, dans laquelle elle est impliquée ou contenue en principe, elle ne peut en aucune façon détruire l'unité, ni ce qui est une conséquence de l'unité, comme la liberté.

[159] Tout être, pour être véritablement tel, doit avoir une certaine unité dont il porte le principe en lui-même ; en ce sens, Leibnitz a eu raison de dire : « Ce qui n'est pas vraiment *un* être n'est pas non plus vraiment un *être* » ; mais cette adaptation de la formule scolastique « *ens et unum convertuntur* » perd chez lui sa portée métaphysique par l'attribution de l'unité absolue et complète aux « substances individuelles ».

[160] C'est d'ailleurs en raison de cette relativité qu'on peut parler de degrés d'unité, et aussi, par suite, de degrés de liberté, car il n'y a de degrés que dans le relatif, et ce qui est absolu n'est pas susceptible de « plus » ou de « moins » (« plus » et « moins » devant ici être pris analogiquement, et non pas dans leur seule acception quantitative).

cette complexité, suivant qu'elle est plus ou moins unifiée effectivement ; ceci résulte de ce qui a été exposé précédemment sur les rapports de l'unité et de la multiplicité[161].

La liberté, ainsi envisagée, est donc une possibilité qui, à des degrés divers, est un attribut de tous les êtres, quels qu'ils soient et dans quelque état qu'ils se situent, et non pas seulement de l'homme ; la liberté humaine, seule en cause dans toutes les discussions philosophiques, ne se présente plus ici que comme un simple cas particulier, ce qu'elle est en réalité[162]. Du reste, ce qui importe le plus métaphysiquement, ce n'est pas la liberté relative des êtres manifestés, non plus

---

[161] Il faut distinguer entra la complexité qui n'est que pure multiplicité et celle qui est au contraire une expansion de l'unité (cf. *Asrâr rabbâniyah* dans l'ésotérisme islamique : *L'Homme et son devenir selon le Vêdânta*, p. 107, et *Le Symbolisme de la Croix*, p. 44) ; on pourrait dire que, par rapport aux possibilités de l'Être, la première se réfère à la « substance », et la seconde à l'« essence ». On pourrait envisager de même les rapports d'un être avec les autres (rapports qui, pour cet être considéré dans l'état où ils ont lieu, entrent comme éléments dans la complexité de sa nature, puisqu'ils font partie de ses attributs comme étant autant de modifications secondaires de lui-même) sous deux aspects apparemment opposés, mais en réalité complémentaires, suivant que, dans ces rapports, l'être dont il s'agit s'assimile les autres ou est assimilé par eux, cette assimilation constituant la « compréhension » au sens propre du mot. Le rapport qui existe entre deux êtres est à la fois une modification de l'un et de l'autre ; mais on peut dire que la cause déterminante de cette modification réside dans celui des deux êtres qui agit sur l'autre, ou qui se l'assimile lorsque le rapport est pris sous le point de vue précédent, qui est, non plus celui de l'action, mais celui de la connaissance en tant qu'elle implique identification entre ses deux termes.

[162] Peu importe que certains préfèrent appeler « spontanéité » ce que nous appelons ici liberté, afin de réserver spécialement ce dernier nom à la liberté humaine ; cet emploi de deux termes différents a le tort de pouvoir facilement faire croire que celle-ci est d'une autre nature, alors qu'il ne s'agit que d'une différence de degrés, ou que tout au moins elle constitue une sorte de « cas privilégié », ce qui n'est pas soutenable métaphysiquement.

que les domaines spéciaux et restreints où elle est susceptible de s'exercer ; c'est la liberté entendue au sens universel, et qui réside proprement dans l'instant métaphysique du passage de la cause à l'effet, le rapport causal devant d'ailleurs être transposé analogiquement d'une façon convenable pour pouvoir s'appliquer à tous les ordres de possibilités. Ce rapport causal n'étant pas et ne pouvant pas être un rapport de succession [163], l'effectuation doit être envisagée ici essentiellement sous l'aspect extra-temporel, et cela d'autant mieux que le point de vue temporel, spécial à un état déterminé d'existence manifestée, ou plus précisément encore à certaines modalités de cet état, n'est en aucune façon susceptible d'universalisation[164]. La conséquence de ceci, c'est que cet instant métaphysique, qui nous paraît insaisissable, puisqu'il n'y a aucune solution de continuité entre la cause et l'effet, est en réalité illimité, donc dépasse l'Être, comme nous l'avons établi en premier lieu, et est coextensif ·à la Possibilité totale elle-même ; il constitue ce qu'on peut appeler figurativement un « état de conscience universelle » [165], participant de la « permanente actualité » inhérente à la

---

[163] Voir *L'Homme et son devenir selon le Vêdânta*. pp. 121-124.

[164] La durée elle-même, entendue au sens le plus général, comme conditionnant toute existence en mode successif, c'est-à-dire comme comprenant toute condition qui correspond analogiquement au temps dans d'autres états, ne saurait davantage être universalisée, puisque, dans l'Universel, tout doit être envisagé en simultanéité.

[165] On devra se reporter à ce que nous avons dit plus haut sur les réserves qu'il convient de faire lorsqu'on veut universaliser le sens du terme « conscience » par transposition analogique. - L'expression employée ici est, au fond, à peu près équivalente à celle d'« aspect de l'Infini », qui ne peut pas davantage être prise littéralement.

« cause initiale » elle-même[166].

Dans le Non-Être, l'absence de contrainte ne peut résider que dans le « non-agir » (le *wou-wei* de la tradition extrême-orientale)[167] ; dans l'Être, ou plus exactement dans la manifestation, la liberté s'effectue dans l'activité différenciée, qui, dans l'état individuel humain, prend la forme de l'action au sens habituel de ce mot. D'ailleurs, dans le domaine de l'action et même de toute la manifestation universelle, la « liberté d'indifférence » est impossible, parce qu'elle est proprement le mode de liberté qui convient au non-manifesté (et qui, à rigoureusement parler, n'est aucunement un mode spécial)[168], c'est-à-dire qu'elle n'est pas la liberté en tant que possibilité d'être, ou encore la liberté qui appartient à l'Être (ou à Dieu conçu comme l'Être, dans ses rapports avec le Monde entendu comme l'ensemble de la manifestation universelle), et, par suite, aux êtres manifestée qui sont dans son domaine et participent de sa nature et de ses attributs selon la mesure de leurs propres possibilités respectives. La réalisation des possibilités de manifestation, qui constituent tous les êtres dans tous leurs états manifestés et avec toutes les modifications, actions ou autres, qui appartiennent à ces états, cette réalisation, disons-nous, ne peut donc reposer sur une pure indifférence (ou sur un décret arbitraire de la

---

[166] Cf. Matgioi, *La Voie Métaphysique*, pp. 73-74.

[167] L'« Activité du Ciel », en elle-même (dans l'indifférenciation principielle du Non-Être), est non-agissante et non-manifestée (voir *Le Symbolisme de la Croix*, ch. XXIII).

[168] Elle ne le devient que dans sa conception philosophique ordinaire, qui est, non seulement erronée, mais véritablement absurde, car elle suppose que quelque chose pourrait exister sans avoir aucune raison d'être.

Volonté divine, suivant la théorie cartésienne bien connue, qui prétend d'ailleurs appliquer cette conception de l'indifférence à la fois à Dieu et à l'homme)[169], mais elle est déterminée par l'ordre de la possibilité universelle de manifestation, qui est l'Être même, de sorte que l'Être se détermine lui-même, non seulement en soi (en tant qu'il est l'Être, première de toutes les déterminations), mais aussi dans toutes ses modalités, qui sont toutes les possibilités particulières de manifestation. C'est seulement dans ces dernières, considérées « distinctivement un et même sous l'aspect de la « séparativité », qu'il peut y avoir détermination par « autre que soi-même » ; autrement dit, les êtres particuliers peuvent à la fois se déterminer (en tant que chacun d'eux possède une certaine unité, d'où une certaine liberté, comme participant de l'Être) et être déterminés par d'autres êtres (en raison de la multiplicité des êtres particuliers, non ramenée à l'unité en tant qu'ils sont envisagés sous le point de vue des états d'existence manifestée). L'Être universel ne peut être déterminé, mais il se détermine lui-même ; quant au Non-Être, il ne peut ni être déterminé ni se déterminer, puisqu'il est au-delà de toute détermination et n'en admet aucune.

On voit, par ce qui précède, que la liberté absolue ne peut se réaliser que par la complète universalisation : elle sera « auto-détermination » en tant que coextensive à l'Être, et

---

[169] Nous n'indiquons la traduction en termes théologiques que pour faciliter la comparaison qu'on peut établir avec les points de vue habituels à la pensée occidentale.

« indétermination » au-delà de l'Être. Tandis qu'une liberté relative appartient à tout être sous quelque condition que ce soit, cette liberté absolue ne peut appartenir qu'à l'être affranchi des conditions de l'existence manifestée, individuelle ou même supra-individuelle, et devenu absolument « un », au degré de l'Être pur, ou « sans dualité » si sa réalisation dépasse l'Être[170]. C'est alors, mais alors seulement, qu'on peut parler de l'être « qui est à lui-même sa propre loi »[171], parce que cet être est pleinement identique à sa raison suffisante, qui est à la fois son origine principielle et sa destinée finale.

---

[170] Voir *L'Homme et son devenir selon le Védânta*, ch. XVI et XVII.

[171] Sur cette expression qui appartient plus particulièrement à l'ésotérisme islamique, et sur son équivalent *swêchchhâchârî* dans la doctrine hindoue, voir *Le Symbolisme de la Croix*, p. 82. - Voir aussi ce qui a été dit ailleurs sur l'état du *Yogî* ou du *jîvan-mukta* (*L'Homme et son devenir selon le Védânta*, ch. XXIV et XXVI).

Les états multiples de l'être

OUVRAGES DE RENÉ GUÉNON

OMNIA VERITAS

« Ce changement qui fit du Christianisme une religion au sens propre du mot et une forme traditionnelle... »

OMNIA VERITAS LTD PRÉSENTE :

RENÉ GUÉNON
APERÇUS SUR
L'ÉSOTÉRISME CHRÉTIEN

Les vérités d'ordre ésotérique, étaient hors de la portée du plus grand nombre...

OMNIA VERITAS

« Il y a, à notre époque, bien des « contrevérités », qu'il est bon de combattre... »

Omnia Veritas Ltd présente :

RENÉ GUÉNON
L'ERREUR SPIRITE

Parmi toutes les doctrines « néo-spiritualistes », le spiritisme est certainement la plus répandue

OMNIA VERITAS

« Nous nous étendons souvent sur les erreurs et les confusions qui sont commises au sujet de l'initiation... »

Omnia Veritas Ltd présente :

RENÉ GUÉNON
APERÇUS SUR L'INITIATION

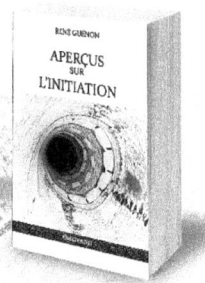

On se rend compte du degré de dégénérescence auquel en est arrivé l'Occident moderne...

René Guénon

« Dans l'Islamisme, la tradition est d'essence double, religieuse et métaphysique »

On les compare souvent à l'« écorce » et au « noyau » (el-qishr wa el-lobb)

« En considérant la contemplation et l'action comme complémentaires, on se place à un point de vue déjà plus profond et plus vrai »

... la double activité, intérieure et extérieure, d'un seul et même être

« Sottise et ignorance peuvent en somme être réunies sous le nom commun d'incompréhension »

Le peuple est comme un « réservoir » d'où tout peut être tiré, le meilleur comme le pire

Les états multiples de l'être

OMNIA VERITAS LTD PRÉSENTE :

RENÉ GUÉNON

INTRODUCTION GÉNÉRALE
À L'ÉTUDE DES DOCTRINES HINDOUES

« Bien des difficultés s'opposent, en Occident, à une étude sérieuse et approfondie des doctrines hindoues »

... ce dernier élément qu'aucune érudition ne permettra jamais de pénétrer

OMNIA VERITAS LTD PRÉSENTE :

RENÉ GUÉNON

LE RÈGNE DE LA QUANTITÉ
ET LES SIGNES DES TEMPS

« Car tout ce qui existe en quelque façon que ce soit, même l'erreur, a nécessairement sa raison d'être »

... et le désordre lui-même doit finalement trouver sa place parmi les éléments de l'ordre universel

OMNIA VERITAS LTD PRÉSENTE :

RENÉ GUÉNON

LE ROI DU MONDE

« Un principe, l'Intelligence cosmique qui réfléchit la Lumière spirituelle pure et formule la Loi »

Le Législateur primordial et universel

René Guénon

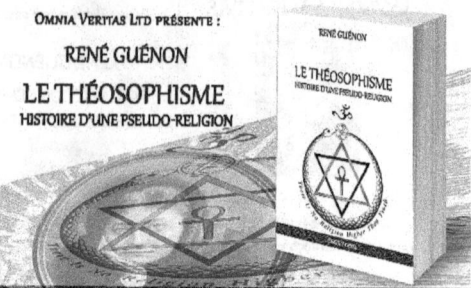

« Notre but, disait alors Mme Blavatsky, n'est pas de restaurer l'Hindouïsme, mais de balayer le Christianisme de la surface de la terre »

Le vocable de théosophie servait de dénomination commune à des doctrines assez diverses

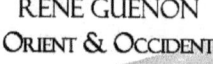

«La civilisation occidentale moderne apparaît dans l'histoire comme une véritable anomalie...»

... cette civilisation est la seule qui se soit développée dans un sens purement matériel

« Ce développement matériel a été accompagné d'une régression intellectuelle qu'il est fort incapable de compenser »

Qu'importe la vérité dans un monde dont les aspirations sont uniquement matérielles et sentimentales

Omnia Veritas Ltd présente :
RENÉ GUÉNON
ÉTUDES SUR LA FRANC-MAÇONNERIE ET LE COMPAGNONNAGE

« Parmi les symboles usités au moyen âge, outre ceux dont les Maçons modernes ont conservé le souvenir tout en n'en comprenant plus guère la signification, il y en a bien d'autres dont ils n'ont pas la moindre idée. »

la distinction entre « Maçonnerie opérative » et « Maçonnerie spéculative »

Omnia Veritas Ltd présente :
RENÉ GUÉNON
LA GRANDE TRIADE

« On veut trouver dans tout ternaire traditionnel, quel qu'il soit, un équivalent plus ou moins exact de la Trinité chrétienne »

Il s'agit bien évidemment d'un ensemble de trois aspects divins

Omnia Veritas Ltd présente :
RENÉ GUÉNON
LE SYMBOLISME DE LA CROIX

« La considération d'un être sous son aspect individuel est nécessairement insuffisante »

... puisque qui dit métaphysique dit universel

René Guénon

Une transformation plus ou moins profonde est imminente

La Divine Comédie, dans son ensemble, peut s'interpréter en plusieurs sens

Le Vêdânta n'est ni une philosophie, ni une religion

Les états multiples de l'être

Omnia Veritas Ltd présente :

RENÉ GUÉNON
AUTORITÉ SPIRITUELLE
ET POUVOIR TEMPOREL

« la distinction des castes constitue, dans l'espèce humaine, une véritable classification naturelle à laquelle doit correspondre la répartition des fonctions sociales »

L'égalité n'existe nulle part en réalité

www.ingramcontent.com/pod-product-compliance
Lightning Source LLC
Chambersburg PA
CBHW050827160426
43192CB00010B/1929